蔡澜 著

生活·读书·旅游
BOOK
廣東旅游出版社
GUANGDONG TRAVEL AND TOURISM PRESS

日本人物

RIBEN RENWU

蔡澜日本四书

图书在版编目（CIP）数据

日本人物 / 蔡澜著. -- 广州 : 广东旅游出版社, 2012.6
（蔡澜日本四书系列）

ISBN 978-7-80766-363-8

Ⅰ. ①日… Ⅱ. ①蔡… Ⅲ. ①社会人物－生平事迹－日本 Ⅳ. ①K833.138

中国版本图书馆CIP数据核字(2012)第068028号

责任编辑：王湘庭
封面设计：邓传志
美术编辑：谢晓丹
插　　图：苏美璐　谢晓丹
责任技编：刘振华
责任校对：李瑞苑

广东旅游出版社出版发行
（广州市越秀区环市东路338号银政大厦西楼12楼 邮编：510180）
邮购电话：020-87348243
广东旅游出版社图书网
www.tourpress.cn
深圳市希望印务有限公司印刷
（深圳市坂田吉华路505号大丹工业园A栋二楼）
787毫米×1092毫米　32开　5.75印张　60千字
2016年7月第1版第2次印刷
印数：5501-7500册
定价：16.00元

忆藤本

东宝制作公司的社长藤本真澄，中国电影圈里大概还有些人记得他。

很久以前他常来香港拍《社长》电影片集。后来，他也曾力捧尤敏成为日本影坛的红星。宝田明、加山雄三等都是他一手提拔，但是，比起他监制黑泽明的影片，这些都不值一提。

黑泽明在日本，工作人员称他为“天皇”，也只有藤本敢和他吵架，刺激他拍《用心捧》、《椿三十郎》等较商业性的片子。他们又分开又结合，到最后还是好朋友。

藤本是一个大胖子，戴着一副厚玻璃眼镜，几个圈子后面，闪耀着两颗敏感的小眼睛。他给人家的印象是性子又急又火暴，讲话声音又大又沙哑。日本电影圈里有什么鸡尾酒会的话，只要听到有人在呱呱大叫，那大家知道藤本已经来了。因为他资历深，影坛中人都对他敬畏，他更是威风。

就在这么一个聚会中，我第一次遇到藤本，他像一只蛮牛一样地推开人群跑到我面前，说：“君，你新上任，应该多买我们公司的片子！”

当时我当一家机构的日本分公司经理，只有二十出头，血气方刚，不喜欢他那嚣张的态度，但还是强忍下来，不卑不亢地回答说：“君，这个称呼是年纪大的人对比他们小的人用的。我年轻过你，本来你可以这么叫我。但是，我代表的公司买你们的电影，顾客至上，你应该明白，藤本君。”

他一下子呆住，不知怎么接口。

“以后，我还是叫你FUJIMOTO-SAN，你叫我CHAI-SAN，如何？”我说完伸出手来。

藤本本来沉住脸，但是忽然放声大笑，说：“好小子，就这么办吧！”

后来，我发觉他的个性一如其名真澄，又很孝顺。红得发紫的女明星新珠三千代和他有段情，因为他母亲反对，弄得终生不娶。藤本解释他的性子为什么那么急：“我在德国的时候，乘火车看到厕所的一个牌子写着‘请快一点，还有其他人在等’。以后这成为我的哲学，做什么事都要快！”

藤本真澄带我去银座的一家寿司店，它的特征，门口挂了一个极大的红灯笼。

一进去，发觉店子很小，客人围绕着柜台而坐，再也没有其他的桌椅，只能服务十个八个。更奇怪的——它的柜台没有玻璃格子，看不到鱼或贝类。

大师傅向藤本打招呼，两人如多年老友交谈，我插不上口，便先喝清酒。酒比其他地方干涩，但很香浓，藤本说是

这家店的特酿。

心中在嘀咕不知要叫什么东西吃时，大师傅捏呀捏呀，炮制了两个小饭团，只有通常吃的半个之大；一个上面铺着一片鱼，另一个是一片象拔蚌。

我伸手把后者拿了蘸酱油吃下，真是以贝类为主，等到你认为单调的时候，大师傅又在间中穿插上一两片鱼类的寿司。每一次捏出来的东西，都和前一次的味道不同。

“来这里的客人，从来不用开口，大师傅会观察你的喜爱。一出声便是老土了。”藤本低声地告诉我，“他们先从鱼类和贝类分开，再试看你要淡味还是浓郁的，一直分析下去。只要你来过一次，大师傅便会将你的口味记住，所以这里不用将食物摆出来让客人点。你表现得很好，没有出洋相。”

“东洋相。”我修正道。

藤本大笑，继续和大师傅聊天。

吃了好些生东西，正想要有点变化时，大师傅挖了一个大鲍鱼，切下两小片扔入一个小钢锅，倒入清酒，在猛火上烧，又摆在我面前，肉是半生半烤焦，入口即化。

接着，我想喝汤来汤，想吃泡菜来泡菜；倒最后一滴酒时，新的酒瓶又捧来。

好家伙，什么都给他猜透了。

最妙的是，他们还能注意到客人的食量，没有说吃不够，或者是吃剩一块的。当然，价钱是全日本最贵的一家。

以人头计，一走进这店子吃多吃少都要付巨款，但是走出来的人，从来没有一个呼冤叫枉。

我也是个急性子的人，藤本和我一老一少，什么事都很谈得来。他每次去外国经过香港，一定来找我，因为他知道我和他一样好吃，会带他去新发现的好菜馆。对我他还算客气，要是他和他下属吃饭，自己的肚子一饱就撇开筷子和汤匙，扔下钱马上上路。

藤本的酒量惊人，不消一个半小时，我们一喝就是两瓶威士忌。大醉后，他常告诉我一些趣事：

当黑泽明在苏联拍《的斯•乌查拉》的时候，藤本老远地跑到莫斯科去探班，两人一起到一间高级餐馆。

在那冰天雪地的地方，黑泽明已经好几个月没有吃到新鲜蔬菜了，晚上看到菜单上有包心菜，不相信自己的眼睛，叫侍者来问，侍者点点头，黑泽明大喜。

两人各叫一份包心菜，耐性地等待，不到3分钟即刻上桌，原来侍者捧来的是两罐罐头，“啵”的一声倒在碟上，这就是莫斯科的蔬菜，把黑泽明气个半死。

“还有一件更气人的事！”黑泽明告诉藤本。

“怎么啦？”藤本问道。

“有一次，我睡不着，跑到外面去喝伏特加，三更半夜才回酒店。第二天，我睡得不够头痛得不得了，就打个电话给有关单位，说我感冒了，人不舒服，不拍戏。”黑泽明叹了一口气，“唉，哪晓得他们拆穿了我的西洋镜，骂我是喝醉了诈病！”

“他们怎么知道？”藤本问。

黑泽明摇摇头：“旅馆的每一层都有一个负责打扫的老太婆，她们都是KGB（即“克格勃”，专指俄罗斯特工——编者注）呀！”

我患了眼疾，到东京去的时候，藤本亲自带我去他的眼科医生处治疗，又介绍我另一个吃生鱼的铺子，我从来没有试过那么好的刺身。

晚年，他的声音越来越沙哑，检查后才知道是食道癌。

我送了燕窝和人参，但已无效。

他去世时我本想去参加葬礼，但俗事缠身走不开，心中十分难过。

日本设有藤本真澄奖，颁给最优秀的制片人，今年已第三届了。

冈崎宏三

遇日本首席摄影师之一的冈崎宏三，他拍过薛尼。波拉克的《龙吟虎啸江湖客》，相信大家对他都熟悉，另一部日本片《御用金》也给观众留下深刻的印象。

冈崎人矮小，略肥，喜欢戴个鸭舌帽，人很友善。我问他说：“打光这个问题很微妙，一般摄影师都是四方八面地打得完美，现实生活中的光源，只有一个太阳或一个月亮，拍摄时为什么不把几支灯摆在一个方向一齐照过来，当成一个光源？”

“是呀，我也喜欢这样打光。”冈崎同意，“不过，东方人脸较扁平，用这方法打光的角度最好是时钟上的2点10分。要是用12点整的角度打，洋人还可以看，东方人就变成一块大饼干了。”

日本电影没落，冈崎说：“我去了英国博物馆拍了3个月纪录片，学到的东西真多。人们都不了解什么叫纪录片，以为真实地记录下来，其实记录一件艺术品，要拍得比用肉眼看到的还要精彩，还多面目，才是真正的纪录片。与其拍二流电影，不如去拍纪录片比较过瘾！”

他们一群人经过此地，要到其他地方拍外景，我看不到他们的制片，问道在哪里？

冈崎说制片在算账。我说制片不决定大原则，去算什么鬼账？那制片不是制片，是演员了。冈崎点头说：“有的制片，演技比演员还要好。”

我问说与外国名导演合作，有何感想？60多岁的冈崎，人生经验丰富，不太得罪人，只是说：“我发现他们都很古怪！”

“导演不古怪便不算是导演。”我说。

“对对，”冈崎道，“不古怪的导演不是导演，是政治家，是财政部长！”

同座有个叫小泉尧史的，是黑泽明的副导演，我见他只字不发，逗他说话，问他：“你和黑泽明拍过《影武者》，你说他古怪不古怪？”

“我觉得他没什么古怪呀！”小泉答。

冈崎听后眯眯笑，向小泉说：“如果你觉得黑泽明是普通的话，那你自己就古怪了！”

五轮真弓

五轮真弓长得美，这么说有人反对；同样一头长发的克丽丝桃•姬尔非常漂亮，这么说没有人不赞同。但是将两个人的演唱会摆在一起，你就会发觉前者越来越顺眼，后者则逐渐平凡。美的定义，应该是较有内涵、较能耐看、较为永恒。

在五轮真弓的散文集中，她说“歌手作曲家”并没有什么了不起。她的看法很对。自己作的曲子，唱来感情直接。听众的水平已高。把人家作的歌唱出的时代已经过去，新的歌，将会是作曲、填词、唱者三体的结合，西蒙和加范高在中央公园演唱，就证明了这点。

真弓的歌词，少不了夕阳、背影、空虚和寂寞的陈腔，可是总有神来之笔，如“沙石路上马拉松跑步者的经过”、“海鸥也在取笑我”等等，非常清新和形象化。

日本歌手的毛病，是把每一曲都颤颤颤、抖抖抖地唱出，有些港台歌者还去学这个坏习惯。五轮也用颤音，不过她聪明地将法国小调的自然颤动加入，潇洒自如。

听她的歌，最自私也是最好的想法是，在一间烟雾朦

胧的小歌厅，不用麦克风唱出。那是多么高级的享受。这一来，她不顾虑群众的爱憎，一定更纯朴自然，走入一个新的境界，作品必然不朽。

“如果不认识我，却受我的歌感动，这是最能令我高兴的。”她说。那她的歌能受中国听众欢迎，她的确应该高兴。她的音乐，透过翻译歌手流行，起初没有人知道她是谁。

有些人说演唱会的她，非常木然，不如听她的唱片，这真荒谬。其实在舞台上，唱抒情歌的时候静，对热门曲子她是那么活跃。忽然，她将麦克风电线跟着拍子摔动三下，是多么的高傲；注意到每一个被冷落的小角，是多么的可亲。要是说木然，那倒是听众。我们总是拘谨，不勇敢去跟着节奏拍掌，没有放怀去享受她的音乐。

贞奴

日本明治时代，出现了一个很传奇性的女人——贞奴。

为什么叫贞奴呢？原来她的乳名为贞，从小就长得很美，家里有12个兄弟姐妹，她父亲在她7岁时便把她卖给艺伎院，12岁就以丫环姿态出现于宴会中，日本人称为“小奴”。到16岁正式做了艺伎，大家还是叫她做贞奴。

70多年前，当社会还是很保守的时候，有本杂志访问贞奴，对答如下：

嗜好——小说和翻译书；吃的东西——天妇罗；喝的东西——苹果汽水；烟呢——不抽；娱乐——音乐；衣服——西装；爱玩些什么——小狗；崇拜的人——稳如泰山的人；用什么肥皂——外国货；用什么香水——舶来货；你认为自己有气质吗——有，胜利的气质。

当时骑马、游泳、打桌球，都是男人最时髦的玩意，她样样精通。

贞奴的一生充满戏剧性。最初收养她的是内阁总理伊藤博文，接着嫁给演员川上音二郎，自己成为天皇巨星，最后又和开发木曾川水利工程的“电力王”岩崎桃介相好。

NHK国立电视每年都拍摄些制作费浩大的长篇连续剧，

明年开始他们的重头戏便是以贞奴为蓝本的《春之波涛》。

女主角除了当今红得发紫的松坂庆子外，不作第二人想。

现在我们由松坂庆子的印象，化入到两排巨大枯树的东京道中，一个少女骑着马在奔驰。

路人惊艳，询问她是谁，大家只知她出身在艺伎院里，是当今最红的角色，也是总理伊藤博文的宠物。

贞奴失身于伊藤是命运的安排，她自己没有选择，但是她内心不停地反抗，她不想成为妾侍，在这个时候，她遇到早上也在骑马的庆应大学学生岩崎桃介，勇敢地爱上他。

岩崎还年轻，追求门当户对的女孩子做太太，并没有把贞奴放在眼内。贞奴的心碎了……

总理伊藤博文很爱贞奴，看见她每天忧郁，心有不忍，当贞奴碰见二流演员川上音二郎，马上决定嫁给他的时候，伊藤也就无可奈何地答应放她一马。

贞奴做太太后拼命地为丈夫打气，甚至鼓励他去参加竞选国会议员，这事情当然失败，川上到底不是走政治路线的人才。

日本住不下去，两人组织了一个戏班子坐船到美国去表演。到了旧金山后才知道他们去的戏院老板破产了，一团19个人沦落到要在公园自己煮饭吃。他一路在街头演戏一路流

浪到芝加哥。

结果带去的两个女主角病了，却在这个时候有人请他们正式地到歌剧院去表演，贞奴本来是以团长太太的身份跟去的，到现在也只好硬着头皮上阵。她当艺伎时受过的舞蹈训练，结果派上用场，大受观众欢迎。

乘着这个势，他们由纽约横渡到英国，再由伦敦赶去参加当时巴黎的万国博览会。

贞奴穿的和服引起了东方浪潮，大家称之为“贞奴服装”。名作家基洛、雕塑家罗丹都撰文歌颂。连毕加索也迷得如痴如醉，他要贞奴做他的模特儿，贞奴高兴得要命，不过当她发现原来做模特儿是要脱光衣服的就摇头不干，结果毕加索只好画一张她在舞台上表演的版画，这张画在毕加索

集中可以看到，的确把贞奴画得很美很美。线条重复，手也画了好几只，全身好像在动着。

回国后，贞奴在东京公演莎士比亚的《奥赛罗》，饰演女主角滴丝蒂梦娜，这是西洋剧第一次在日本上演，以前日本都是男扮女装，她也成为舞台上的第一个女演员。

谈到此，顺带一笔的是弘一法师李叔同也和贞奴有点缘分，他后来演话剧《茶花女》，多多少少受贞奴的影响。

李芳达记《春柳时代的李哀先生》一文中提到：最初，李叔同和同学们在某艺院看了川上音二郎夫妇所演的浪人戏，他们爱好戏剧的热情，从事戏剧的热情，从事戏剧的欲望，已经像心血来潮地从内心逼迫出来……

川上音二郎在48岁那年病死。贞奴留在帝国启中训练新演员。

年轻时贞奴爱过的岩崎桃介这时反过来追求她，他已娶了政要福泽谕吉的女儿房子，但还不顾一切闲言闲语，要求贞奴原谅他当年的愚蠢，并为贞奴筹备了她退出艺坛的盛大公演。

贞奴终于又成为岩崎的黑市夫人，不过贞奴当时的情形并不需要人家来养，她已有足够的储蓄来买屋子，并且在热海还有一栋别墅。他们两人的关系，作家松元苑子说没有性的存在，这也值得怀疑。那时候岩崎虽说已经50，贞奴47，互相的性欲应该还是有的。

不过人到这个年纪对事业和金钱看得更重，岩崎拼命地计划着木曾川的大水坝工程，他的太太房子是个名门闺秀，不会出来替丈夫应酬，这工作倒是贞奴替房子顶上，为岩崎当外交，拉了不少关系。

他们之间的三角关系，历史上没有记载，只靠作家们的幻想弄得错综复杂，这里不赘。

贞奴是个勇敢超越时代的女性，不过她的思想始终还是受到儒家的缚束，她当初不肯做总理伊藤博文的小老婆，后来也没有当岩崎的妾侍。

木曾川的水坝建好后，岩崎成为日本电力王，她只是在遥望着人造的巨川，她在附近买了一块地，建座优美的庙宇，称之为“贞照寺”。

76岁时贞奴去世，骨灰照她本人的遗愿，埋葬在贞照寺内，永远地看着她和她的爱人一起完成的木曾川水坝。

NHK长篇剧《春之波涛》里，伊藤博文由伊丹十三扮演，他是个好演员，父亲伊丹万作为名导演，以前和彼得•奥图一起拍过*LORD JIM*，最近自己也导演了《葬礼》一片。

演政要福泽渝吉的是小林桂树，20多年前的《同林鸟》相信爱电影的观众还会记得。演他女儿房子的是榆富美，我们对她较陌生。岩崎桃介由风间杜夫扮饰，他只是个英俊小生。至于贞奴丈夫川上音二郎，选中了中村雅俊扮演，亦是歌手和电视红星，大家都熟悉。

八头美人

日本女人，昔日“大和抚子”之称，是说她们的小腿生得像两根萝卜，腰长，屁股不相称地肿大，“丑死人”的意思。

尤其是在第二次世界大战之后，日本女人在战败的混乱时期中，更觉自信丧失。

这时候，日本出现了一个叫伊东绢子的女人，时装模特儿出身，会穿高跟鞋，走路也没有向内的八字脚，身高164厘米，三围是86、56和92。日本人创了个新名词，叫伊东绢子为“八头美人”。

伊东跟着去参加美国长堤的第二届世界小姐竞选。上一次派去的一个叫小岛日的女子，给人家批评得一文不值，但是伊东一登场，即刻吸引各国的评判员，在40多个国家的美女中被选为第三名。

回日本后，她当了几部电影的主角，再跑去法国学服装设计，重返东京开时装店，又投资各种企业，变成个女强人。

后来，她嫁了一个比她小6岁的外交官，丈夫退休后在百货公司任职。

伊东说："希望，是一种不可思议的药，我现在只不过是个家庭主妇，但是我从前的确是医好不少日本女人的伤心。"

“东洋玛坦哈丽”

山口淑子，李香兰的自传中，有一段她眼中的川岛芳子的叙述，节录如下。

我一次见川岛芳子的时候，是1937年，在天津的日本租界的一家叫“东兴楼”的餐馆，东兴楼很重排场，是个庭院式布置的地方，宽阔的大厅装饰豪华，院中挤满打扮得妖艳夺目的上流社会妇人，其中之一便是川岛芳子。

川岛很有风度，瓜子脸，个子不高，穿着黑色的男儿长袍，头发三七分开柔软地贴着。她的目光不断地移动，她的嘴略显宽大，流露出调皮捣蛋的微笑，我不大理解女扮男装的意义，只知道它在用一种异样的妖艳魅力吸引着人们。

我的父亲替我们介绍：“这是我的女儿YOSHIKO。”川岛看我穿着旗袍，由头到尾地打量一遍，用中国话说：“啃，日本人哪！”然后她都是以日本男人的语气和我谈话：“YOSHIKO，这是个奇遇，我的名字在日文里念起来也是叫YOSHIKO的，以后你就叫我小哥哥吧。”川岛和人谈话时总看着对方的眼睛，她有把头略为转斜的习惯，据说是打游击时候把右耳弄聋了的关系，但这个姿势，可爱之极。

后来川岛芳子常借故打电话给我，我跟她去玩了一阵子，她的生活是日夜颠倒的，从蚊帐爬起来已是下午两点，三四点吃午餐，之后由她的手下召集些京戏演员或琴师，喝酒唱歌，打麻将上夜总会舞厅，玩到筋疲力尽，直到天亮才吃晚饭。到城市生活早上七时开始的时候，她们一群才像鬼魂一样地撤退。我家里的人骂我，叫我不要和一个打吗啡的人来往。有一次我亲眼看到，吃饭时川岛忽然把旗袍掀起，露出大腿，从抽屉中拿出什么来注射。她说："因为打这个，我不能喝水。"

她自称是金碧辉司令，又说曾经有3000～6000的部下，可是我遇到她时她身边只有100人左右。因为要养他们，向军部求助，开了东兴楼，却吹嘘说东兴楼是日本人在天津的地下总部。我以后逐渐知道，为什么她的生活总带着空虚苦闷、自暴自弃地那么颓废。川岛曾经失恋、自杀、被养父强奸，和一个叫田中的特务头子同居。以金碧辉之名到热河进行讨伐，但却不是重要的任务，她有脊椎骨炎的老毛病，开始吸毒，被日军疏远。什么"东洋女英雄"、"东洋玛坦哈丽"的虚誉，在她的晚年已经无影无踪了。

电影痴人

在日本看过电视的人，到了星期天，一定会见到一个头发全白、双浓眉、笑嘻嘻的老头子主持一个叫《日曜洋画剧场》的节目数十年，讲解西片的内容，印象最深的不是戏的好坏，而是这主持的老头一定对着观众说三次Sayonara、Sayonara、Sayonara（Sayonara即“再见”的意思——编者注）。

这个人叫淀川长治，在1998年11月11日去世了，89岁。

淀川长治一生爱电影，也贡献给电影，不管电影盛行或没落，没有放弃过。喜欢的当然大赞，讨厌的也不骂，有电影看就是幸福。

解释电影时口沫横飞，声音很尖，喋喋不休，真像一个老太婆，他的三声Sayonara深入民心，有一个大盗跑到他家里抢东西，最后走人时也向他说三声Sayonara。

虽然主持的是电视节目上的电影介绍，但他本人一直强调电影要在电影院里才好看，有任何试片，他一定前往，主办者拿出名单给他签名报到时，他写了：淀川长治，电影痴人。

到了近年，身体愈来愈差，但是还坚持去看电影和公开演讲关于电影的话题。最后这一年，他夏天也要围着围巾穿寒衣出门，入院时也拼命写电影稿。到庆应大学演讲时，等出场之前要躺下来休息，一上台又生龙活虎讲个不停，临终的前一天还录了《日曜洋画剧场》节目。他的口头禅是：“明天，还有要看的电影，还不能死。”

9月8日，他去参加深交了60年的老友黑泽明的葬礼，对于死亡像有预感，他说：“黑君，我即刻追来。”

淀川长治一生不娶。是的，他是个同性恋者，但是只看不动手的那种，这是因为他太爱自己的母亲，认为没有一个女人好过他妈妈。所以做母亲的不能太溺爱儿子，这会害他一生，也许不能说是害，本人自己喜欢也说不定。

野坂昭如

20世纪60年代的日本，出现了一个非常反叛的作家，名叫野坂昭如（Nosaka Aliyuki）。

这个人写的东西，头脑要多肮脏有多肮脏！什么强奸自己的母亲、自渎、抱着尸体杀人、私刑、人肉试食等等，都是他的小说中出现的人物和题材。

从他一系列作品的书名已能看出他的思想偏激：《浣肠和玛丽亚》、《娼妇烧身》、《死儿培育》、《骨饿身止卡死人葛》、《日本大疥癣》、《猥歌》、《垂乳根心中》、《万有淫欲》、《砂绘呪缚后的怪谈》……

野坂留着长头发，蓬蓬松松，不管日夜，都戴个黑眼镜，烟吸个不停。

上电视发表言论是他的看家本领，他红极一时，当过演员和导演。改编自他的小说的电影一部拍完又一部，连大师级的今村昌平，也用了他写的《一群色情事业师》。

年轻时愤世嫉俗，用什么手段，我们只有旁观，不加批评。但是人总会老，一老样子变得好坏，才论输赢。

野坂在20世纪80年代把头发剪了，胡子刮个干干净净，黑眼镜也除了下来，他自己说：“来个形象改变。”

从此他参政了，推行他的反政府论调，政纲浅浅白白几个日本文字，但是我怎么看也看不出他要说些什么。

为什么要提起他？皆因上次我带团去大阪，最后一站在黑门市场买菜时，野坂拿着麦克风，呼吁群众投他一票。

拼命大喊，但是没有一个听他讲些什么，他又瘦又小，是一个寂寞老人。

“请你和我拍一张照片好吗？”我问。

野坂欣然答应，竟然有人认出他是谁。想起从前银座街头，有个叫赤尾敏的爱国党，从未间断演说，也没有人听，野坂昭如，已经是第二个赤尾敏了。

不死鸟的传说

在《壹周刊》上写过一篇关于角川春树的文章，他是一个被出版界称为“风云儿”的人，曾经翻天覆地干过一番大事业。

1993年，警方在他家中搜出毒品，被判了4年罪，度过1年3个月狱中生活后，终于被保释出来。大企业的角川书店还在，但是他已被董事局踢了出来，没有他的份了。

公司是角川的父亲创立的，以卖小册子的普及版发财，现在春树还是走回这条老路，开始出书，但只有寥寥的10本。

同个时期的新公司《幻冬舍文库》一出就是62本，大肆宣传。角川春树与对手一比较，寂寞得很。

角川春树在全盛时期，出书和拍电影同时进行，在电视上的广告每一台就能随时看到，等于是洗着观众的脑，书卖钱，电影也成功。现在角川还是拍回电影，起初想请大导演大林宣彦，但是制作费只有650万港币，怕超出预算，角川自己当导演，看馐（“馐”为粤语方言，即“菜”——编者注）吃饭，急就章地拍了一部叫《赌时间的少女》，真是差个天与地了。

我们在香港看过许多“风云儿”式的人物，一样失败之后又做另一样，东山起了又再起，但创立的多是不同的行业。角川只能做回老本行，又比从前的气魄缩小那么多，这次会不会翻身？是未知数。周围的传媒界似乎不看好，有些甚至泼冷水，这一场战，角川春树打得真辛苦。

但是，一向“不死鸟”的传说跟随着角川。所谓“不死鸟”，是只凤凰，在大火中可以重生。关心电影的人，爱看书的人，还是希望奇迹出现，让这只不死鸟活下去。

日本名嘴

当今，日本最高尚、最红的名嘴叫栗良平，每间大公司和政府机构都出重金请他去讲故事。令栗良平出名的是他写的《面的故事》（另译为《一碗阳春面》——编者注），每次上台，听众都流泪，日本人说很久没有那么好地哭过，要哭，就得找栗良平。

《面的故事》的情节是这样的：

50年前，一个寒冷的除夕，面档里走进了一个妇人和她的两个儿子，他们三人叫了一碗面。老板见到三人只吃一碗面，就偷偷地多加点面条。

“妈，您多吃一点。”小儿子说。“您说是不是真好吃啊？妈妈。”大儿子接着说。

从此，他们一家人每年除夕都来吃面，而面档的老板从来不加他们的价钱。到了一年，他们叫了两碗面来“庆祝”。问明理由，原来这家人父亲很早以前车祸去世了，他们母子这些年靠做些散工终于还清了所有的债务，所以今天特别高兴。面档老板和他的妻子听了感动到偷偷哭泣。之后，这家人便不来了。事隔多年，两个儿子创业兴家，已成巨富，现在来北海道游玩，专程在除夕这晚到面档。这回，他们三人叫了三碗面。

听栗良平本人添油加醋，日本人更是泣不成声。这都是他们生活安定，想捉虫放进屁股找痒抓（此意源自粤语方言，寓意“自找麻烦”——编者注）罢了。中国人命苦，又经历过屠城，眼泪已流干，唉，还是搞搞笑算数。

这个叫栗良平的人讲的吃面的故事，日本人都深受感动，哭个不停，他的书也大卖，第二集销路比第一集还好，短短几个月就卖了100万本。

但是世间常有意想不到的事，栗良平成名之后，身世被调查，发现他以前犯过欺诈罪，哈哈，这一下可好，人民的英雄变成一个骗子，书的销路即刻下降。以为他从此销声匿迹，但是说也奇怪，请他演讲的人还是不断地上门，排期排到第二年去。又有电影公司要买他的《面的故事》版权拍戏，栗良平本人也出了第三部书。可见，作者人格与作品无关，讲的故事真假也不要紧，问题只是讲得好听不好听之分罢了。

栗良平的欺诈罪是怎么被发现的呢？原来他出名之后常上电视，结果给生活中真正的面店老板夫妇看到了。

数年前，栗良平常到这家人的店里吃面，他彬彬有礼，

沉默寡言，神情忧郁。面店老板和他谈起身世，知道这个年轻人从小就是一个孤儿，从乡下来到大城市，无亲无故，目前还在失业。

面店老板好心，把楼上的一间房子免费给他住，栗良平为了报答，生意一忙就下来帮手，招呼周到，常客也对他产生好感了。

老板夫妇不在时，栗良平告诉客人说他的父亲研究汉药，有一秘方，年纪大的人吃了一定恢复青春。客人也信以为真，纷纷交钱给他去配药，他每次都收人30万，合18000港币。但是，药交不出，客人开始质问面店老板，栗良平却突然逃之夭夭了。

见栗良平那么出风头，面店老板和被骗的客人没有凭据，不能报警，但向报纸和电视记者告发，令他名誉扫地。

栗良平所讲的面的故事，显然是住在面店时构思出来的，他到底是一个很有才华的人。

其实，作家多数有点骗子本色，编编故事来骗读者，但自己也被编辑骗了，多年稿费如故，还是照写。

三波春天

谁是三波春天？年轻一辈没有印象，常看每年NHK红白大战的老家伙，会记得这个整天带着微笑，穿花花绿绿的和服，领一群人唱《世界各国您好》的歌手。

原名北诘文司的三波，在2001年4月15日逝世，死因为前列腺癌，77岁。

出生在新潟县的乡下，父亲做生意失败，把一家人带到东京求职，三波小学毕业后就得当杂工。卖鱼，也在米店做过，知道辛苦是怎么一回事。唱歌出名之后，尽心尽力讨好听众，并时常把做买卖时的一句话挂在嘴边：“客人是上帝。”

三波唱的是浪曲，这种只有日本人才会欣赏的歌，用传统乐器如三味弦等伴奏，唱的时候把喉咙拼命震动，非常难听。台湾被日本统治了50年，歌曲也深受日本人影响，下阶层的人还是喜欢听浪曲。

最初三波唱的歌，歌词多数描写离家的浪子、流浪生涯的苦处、对母亲和爱人的思念等等，后来唱出名堂，东京举行奥运时也请他唱主题曲《东京五轮音韵》。三波声名大

噪，与演员长谷川一夫、女歌星美空云雀被誉为日本演艺界三大栋梁。

当今的歌手20岁已算老，三波开始唱歌的时候已经34岁，他不断努力学习，到了60岁，没有什么新歌，他连卡通片的主题曲也照唱不误。闲时，他还会写写诗和研究历史，写过关于圣德太子的书。

近来日本又篡改教科书，令大家对日本人恨之入骨，三波春天的死，也不值一提，反正是唯一的好日本人，是一个死掉的日本人。

三波在“二战”时被征兵去打中国，战败后给苏联人抓去关在西伯利亚的牢里。一关4年，回到日本，他对日本人的侵略行为极之批判，唱了很多反战的歌，还算是有点良心。

一休和尚

如果你问我最喜欢看的电视节目是什么，我一定回答说是《机灵小和尚》。

一休和尚这个人物实在令人着迷，他那一双大眼睛，盘足坐下，两手双指在光头上打个圆圈，“当”的一声，便能想出为人解围的计策，实在可爱。

这片集是慢慢进入你的脑海的，并非一下子吸引你。看多几回后，其他人物如那老顽童将军、他的助手新右卫门、桔梗店的老板是大反派，等等等等，所有的人物都有他们独特的个性。

打打杀杀的机械战斗士固然画得精彩，但是我相信小孩子们长大后，不会再去记那么多的铁甲英雄名字，但对一休和尚不会忘怀。

在美国及其他东南亚地区，《机灵小和尚》这片集也很流行，配上当地的对白，可见好的东西，不分国籍都会受欢迎。

一休确有其人，住京都，可惜他老后不再机灵，变得尖酸刻薄。

流氓

日本有一个很受年轻人欢迎的题材，叫《满身伤痕的天使》，讲的是一个富家女爱上个流氓，勇敢和他离家出走的故事。

类似的情节也发生在其他国家中，观众看得如痴如醉。每个少女都幻想自己是那个有钱人家的女儿，而男孩子则认为被社会误会是一件很浪漫的事。

现实生活中又如何？那个叛逆青年，要是努力上进，才能出人头地。可惜他们不学无术，最后还是悲剧收场。

荻原健一就是一个例子。他刚出道时英俊潇洒，整个占士甸型，迷死众多少女。后来他和演技精湛、外表楚楚可怜的石田亚由美结婚，不到几年他在外面花天酒地，离婚了。爱上另一个女明星，与她同居，但又因为太花心而分手，最后又娶了一个化妆师做老婆，还是忍受不住他而跑掉。

最近日本影坛的大丑闻，是荻原被警方抓走，原来这个已经50多岁的明星拍戏拍到一半，迟到早退，又干扰其他演员，结果被炒鱿鱼。但是他在醉后打电话恐吓制片，说自己是什么黑社会头子的朋友，如果不付全部片酬，就有麻烦。

当面威胁或许没证据，但是荻原笨到制片不在家时打电话留言，当然被录了音。告到警察局，他要怎么抵赖也不行了。

之前，他有过抽大麻、醉后驾驶的种种案底，这次事件虽未裁判，对他是不利的。

红得太早，没受过什么教育，是原因。但我们不能一概而论，像成龙、洪金宝，读的书也不多，不过他们肯努力，由一个英文字母都看不懂，到上大卫•利德曼的清谈节目的进步是有目共睹的。

最怕就是那些不肯自修的英俊小生，平庸地过后半辈子算是幸运，潦倒的居多。贵妇爱流氓，只是在他年轻时，老了还当流氓？

不再回来的人

2001年到了终结，日本在这一年死去的名人有50个之多，体育选手我不熟识别去谈，政治人物更不值一谈，其他的有：

新珠三千代，女演员，享年71。文豪松元清张说过，要形容美人，说像新珠三千代这样的女人就够了。

东宝电影公司每年送女明星日历，第一页一定是她。新珠很有个性，从来不做访问，没有人能够侵入她的私生活，一生也不结婚。

电影圈中传说她的男朋友是首席制片家藤本真澄。藤本与我私交不错，来香港时我请他吃饭，问起这件事，他微笑不语。

日本朋友问我：你喜欢的是哪一类日本女人？我回答新珠三千代，无人不觉我品位高。

三波春天，歌手，77岁。唱的是传统的咿咿呀呀的艳曲，非土生土长的日本人不会欣赏。每年NHK的红白大会，少不了他。

古今亭志朝，落语家，63岁。所谓“落语”，是日本的单人相声，外国人难以了解他们的笑话，日本的年轻人也愈来愈听不进去，所以古今亭被誉为“最后的江户落语家”。

山田风太郎，作家，79。写过很多本脍炙人口的忍者武侠小说，散文也写，内容多次以死为主题，对这件人生必经的事看得很透彻，很单纯地接受，一点也不惊奇。

横山隆一，漫画家，92。他的人物造型不像一般漫画那么丑陋，纯朴可爱，怪不得在日本最畅销的《朝日新闻》报上一连载就是画了5500回的漫画。

蟹江银，108。为日本最长寿的双生姐妹，常出现在电视表演中，姐姐蟹江金去年逝世，妹妹觉得再活下去也没有什么意思。

医学院解剖研究她们长寿的原因，当然得不到什么结论，不过医生都说她们比实际年龄年轻20岁，一定是活得开心之故。

敕使河原宏，电影导演，74。他其实是日本最具影响力、草月流插花艺术的传人。在东京有家很大的草月会馆，其中有抽象但富于美感的雕塑，是值得一游的地方。

他可以说是含着银匙出生的公子哥儿，父亲创立草月派，他尽可做一个二世祖，但对电影发生了浓厚的兴趣，拍过的《砂之女》，相信很多香港观众还是对它有印象。

东京美术学校毕业的敕使河原宏，除了当导演，还最拿手把竹子当成题材，创造立体造型。一生无忧无虑，为艺术

而活，令日本人羡慕不已，但也逃不过人生这一关。

相米慎二，同样是电影导演，53岁，拍过《水手制服和机关枪》等戏，江湖地位比敕使河原宏差得远了。

为什么要提他？因为他喜欢香港，来拍过电影。葬礼上出现他捧红的女演员如药师广子、小泉今日子等，但传说他为同性恋者，那么年轻就死去，会不会是艾滋病？

江户家猫八，又是一名落语家，以扮小动物的叫声出名，扮得最像是小猫，所以连名字也改为猫八，80岁。

团伊玖磨，作曲家，77。唐宋诗词影响他最深，令他一生致力于中日的文化交流，也当了该学会的会长，在苏州住过一段很长的时期。团伊玖磨除了作曲，也以写散文见称，用“烟斗的袅袅”这个专栏，在杂志上一写就是36年之久。

末了，非提演员左幸子不可，在11月7日去世，享年71。左幸子脸圆圆，眼睛大大，长得十分讨人欢喜，像一只猫。以为她是一个很柔顺的女人就大错特错，她有什么说什么，在她那个年代之中，颇令周围的日本男人受不了。关于她的生平，我将另文详细报道。

爱书的人

荻原是一个很爱、很爱书的人。

在雪国的新潟县长大，荻原从小就立志要到东京，因为，那才是天下书籍最多的地方，荻原想。

中学毕业后他向贫穷的亲朋戚友借了路费，就一个人坐火车上路。起初他只在黄色戏院中看电影过夜，连房子也租不起，后来在一家喝茶店找到了工作，才在东中野车站前找到了一间木造的公寓，住在二楼。

四叠半榻榻米，152平方英尺（约合14平方米——编者注），这便是荻原的天地，有了这个据点，便能施展他的爱书活动。

喝茶店的日薪只够他付房租和每天一碗的拉面或咖喱饭，荻原哪有钱买书呢？

顺手牵羊是初入门的技术，渐渐地，荻原学会观察电视防盗机的角度，在绝对拍摄不到的位置将书放进袋子里。到了夏天，他穿着宽大的夏威夷恤衫，更能灵巧地把一本厚字典插在裤子后面走出去。

最后进步到胸前绑个铁夹子，将书一钳，便牢牢地钉住。荻原的“借书”方法是天衣无缝的。

四叠半的房里，堆满了书。

命运也。一天，地板受不住书压力，塌了下来，案情才被发觉。

荻原是一个很爱、很爱书的人，法官说完轻判了他。

九州岛三苦

当年和何莉莉、演员杨凡一起去新加坡拍戏，带着的工作人员中有个日本人，出生于九州岛乡下，姓名很怪，叫三苦。我们很顺口地称他为“九州岛三苦”。

九州岛三苦长得很矮，但非常结实，常看到他一个人双手各提着一支两万火的灯，爬上爬下。一支两万火的灯，至少有50斤重。九州岛三苦从不诉苦，但是也从没有见他笑过。

新加坡的炎热天气下，每个人都汗流浃背，九州岛三苦把他的牛仔裤用剪刀一剪，变成工作短裤，穿着背心，他有一身强健的肌肉。

在拍外景的一个晚上，邻居的英国老姑婆看到后，就大叫起来，即刻打电话给警察，说有人露出不文之物。

还是英国人讲话比较大声的年代，警察车来了，跳下两个人要抓九州岛三苦。我上前跟警察理论，他们说有人投诉，一定要带去警局立案。我们的戏拍到一半，少一个人都不行，哪里有空去搅这种事？指着三苦，我大喊：“这怎么叫暴露？”

警察们也觉得我的话有理，讨论了一番，也就上车离去。

哪知这个老姑婆站在阳台直瞪三苦，又报案去了。警车又来，这次说什么也要抓三苦。我向莉莉打个眼色，莉莉娇声嗔气地向警察说："有什么值得大惊小怪？"

好歹又将警察们哄走，他们也觉得那老姑婆真烦。我们大骂英国人混账，来看拍戏的朋友娶了一个英国太太，他太太说："我们英国人倒不是每个人都那么坏！被这死八婆破坏了名誉。"

"那你帮我们出出气。"我向她说。

她点点头。

我向她咬一轮耳朵后，她便去打电话，每隔5分钟就打一次，学着老姑婆的声音。

"警察扔我的电话，他们不会再来了。"朋友的太太回来报告说。

最后一个镜头拍完，那个老姑婆还在阳台，我叫全体男演员一共30多人，向着她，大家把裤子脱下来。她吓得尖声大叫歇斯底里地跑掉。九州岛三苦，第一次看他笑了出来。

影子好友

我们电影的男主角，驾着一辆小型巴士，停下后一按掣，伸出桌子椅子，各式餐具俱全，变成个小餐厅。

戏里所用的汽车，由一家日本公司赞助，他们得到宣传，我们有免费道具，何乐不为？

这公司答应在上个月20号把两辆车交给我们改装，但日子到了，汽车仍见不到影子，这真是急死人。

当晚，接东京电话，是负责供应此片车子的经理打来。我将车迟到，会发生许多摄影上的困难的理由告诉他。这个人似乎很了解，我们虽然没有见过面，但好像已经有了沟通。他把他的苦处也说明得很清楚：西班牙进口日本车有问题，他会尽量想办法解决。

做生意，常口说无凭，我建议以后通电讯，让大家有个记录，他赞成，说：“费用由我们公司付，请尽管打来。”

这句话我最听得进去，以前打电讯，必经三次修改原稿，以省字数和时间，这次既然可以自由发挥，实在是乐事。反正，他们的公司也可以报营业税，日本政府付钱，大可放肆。

翌日，我接到他的电讯：“谢谢你。这次谈话真愉快。我已想到办法，由瑞士租车公司租赁两辆车给你，可避免麻烦的进口税务问题。请与苏立克（应为“Zurich”的音译，另译为“苏黎世”，为瑞士著名城市——编者注）的租车机构冒克利先生联络，他的电讯是77934。不然，可以找他的同伴舒尔德，或他的伙计荷夫曼。电话是……”谈完，我马上找这三个人，哪知都是他们的秘书听的电话，三个家伙放大假，跑个无影无踪。

回电称：“能听到西班牙话以外的语音，也是件乐事。你说的三个人在放假，全欧洲的人都去滑雪。他们都疯了，只有你我在工作，怎么办？”

电讯机即刻劳动：“啊，真羡慕他们的悠闲。东方人命真苦。请与我们日内瓦的代理商联络，名叫海曼，电讯和电话是……”

哪知海曼也在放假，只有再打电讯：“找不到海曼，你快点搞妥车子的事，要不然损失惨重，只好告你们公司赔偿。”

复电是：“请别那么凶狠，有事慢慢谈。我们日本人最讲理。我会替你联络瑞士，叫他们打电话给你，请耐心等待。”

又是一个周末，没有车子的下落，我火了，追一个电讯：“一点消息也没有。搞什么鬼？篡改教科书的事算不算讲理？”

“那是前一辈的老混账做的好事，我也曾经参加游行抗议。侵略在我年幼时发生，我不知情。我是无辜的。现在代表日本人，请你饶恕我们的罪行。已经联络上租车公司的冒克利，他们说要你去签字才行，请等多几天，让他们有时间把手续准备好。”他回答。

听到有点头绪，又到电讯机前：“租几辆车哪里需要几天手续的准备？又不是租飞机。我乘第一班班机到苏立克，请叫冒克利在机场等我，我的班机号码是……”

“请等一等，请等一等……”电讯机不停地传来。

我已经买好了机票，请公司的职员代打电讯：“中国谚语，打铁趁热。太迟了，我已进入机场闸口。”到了苏立克，冒克利果然在机场等我。我劈头第一句话：“为什么你叫东京打电讯来要我等，有什么困难？”

冒克利说：“租4个月的车子金额太大，我要问过信用卡公司才能证实你的信用卡有没有问题。”

早知道有这么一招，我掏出美金现钞，冒克利呆住了。

我问道："这总行得通吧？"

那瑞士人即刻点头，我把事情解决掉飞回巴塞隆纳（即"巴塞罗那"——编者注）。车子，将会由瑞士司机经法国开到西班牙给我们。

电讯机动："好家伙，做事果然利落。"

"废话少说，请派人送还美金。"我复。

但是，法国的货车司机大罢工，把边境塞住。瑞士司机无法把车子送到，我又急得团团乱转。

"哈哈哈。日本谚语：人算不如天算。"东京的电讯传来。

"他妈的。"我回电讯给他，"那是中国谚语，不是日本谚语。真不要脸。你还能笑得出？快点想办法解决问题！"

"对不起。"复电即到，好像很小声。

又是一个周末，我知道什么事都办不了，在欧洲和日本，大家都休假，只好对着电讯机，一个字一个字慢慢打，希望对方星期一收到："不如你自己来一趟，我想见见你。"

惊奇地看到电讯机在自动打出字来，原来这家伙周末也上班："感情是共通的。但是，工作把我的腰压弯了。我很同情你的处境，欧洲人办事是慢半拍。这样吧，我叫我们伦敦的代表三田小姐去协助你。”

回到电讯机：“谢谢你。三田小姐已经来电话，虽然我们能讲共同的语言，但是她的话我一句都听不懂。很抱歉，我向她咆哮。要是你是我，你也会做同样的事。”

正想穿御寒衣服由办公室回公寓的时候，电讯机又跳出字来：“三田给你吓死了。她现在答应乘礼拜一早上的飞机到达。其实，她的人不错，你见到了会喜欢她的。她是我派去的得力助手。”

反正回公寓也没事做，就死对着电讯机：“听她的声音，好像很老。”

“中年。”电讯复，“和我一样。你呢？”

“也是。又哀又乐。早点睡吧。”我不等回讯，决定回去休息。

这一段电讯的交往，我发现我们都尽量避免影响对方的睡眠时间。

有了时差，两边一早一晚，我们总是先牺牲自己的休息。

星期一，两辆小型巴士到达，多给了一部房车，另加两部漂亮的跑车，全免费。

作家朋友

有一位作家朋友，三十几岁了才到日本去留学，钱不够，寄住在几个同乡的房间里。

此人说来留学，但是没看到他去上课，整天待在房间里，像是去外国打发时间。

从来没有人知道他到底想干什么，朋友听说他会写作，就劝他把对日本的感想记录下来。

对着空白的稿纸，望着天花板，香烟一支又一支，但是字可不是一个又一个。

他去了两年，最远的地方不过是居住的附近，最常光顾的是PACHINKO弹子店，和相机相处，什么日本话也不必说。

到小馆子吃饭，他用手指指着玻璃橱窗中的塑胶食物样板，伸出一根指头。

记忆中，他学会几句日本语，例如他会叫啤酒。一坐下来，他说：“Biiru Moo Ippon。”

Biiru是英文的Beer，Ippon是“一本”、“一瓶”的意思。

最妙的是他用的Moo，是“再来，多些”的意思。每次都是一瓶不够，一定说要再来一瓶。

他说他记得这个Moo，是和英文的More意思和发音都很相像的缘故。

说也奇怪，这个人在日本谈起恋爱来。

对方是个洗衣铺的店员，也是三十多岁，逢人就看人家手上有没有戒指。

我们的大作家到了外国当然不肯戴结婚戒指，女店员看见他来光顾了几次，和他指手画脚地聊起天来。作家也毫不客气，大剌剌地把她带回住的地方，命令同房的几个老乡都出去散步，将她就地正法。

之后，女店员下了一番努力，立誓要教会作家日语。她说："DoMo DoMo DoMo is thank you。"

这个谢谢人家的DoMo，什么人都会，大作家也要学老半天。她又教："DoZo DoZo DoZo is please。"请人家自便的DoZo，不应该很难。

一天，大家都不在，来了一位日本客人。作家可用起他的日本语，向客人说："DoMo。"

客人瞪大了眼睛，不知道这疯子谢谢他干什么。坐了一会儿无聊，起身。作家向他说："DoZo。"

日本客人听了，以为自己一起身，对方不留客，反请他自便，就生气地走了。

大作家当然不介意，跑去小食店，向女招待用他唯一说得正的日本语："Biiru Moo Ippon。"

加藤和尚

自从和加藤分开，已有20年。

做学生时，加藤在嬉皮士出没的地方遇到一个美国水手，送给他半根大麻，他刚要抽，就给警察抓到。

被判罪之前，他要求我们为他请个律师，证明抽大麻的害处不多过酒精，虽然一定要入狱，也要留下一个记录，要让后人有多一份证据。

3年后出狱，我已离开东京，他身穿黄袍，出了家，告诉我的女秘书要由日本走路到香港来看我。

这么多年来，我也常想起他，不知道他人在哪里，有一天去西藏拍外景时，会不会遇到他为凡人念经。

这次重访东京，在十字路口有人叫我。

转头，不是加藤是谁？

大喜，想抱他，但又不知道和尚吃不吃这一套，手停在空中，他反而亲热地前来摸我的头发。

“我现在住在美国，我们在乡下有个小小的庙，刚好有点事回东京，想不到会遇上你，”他微笑着说，“每次回来，都到办公室找你。”

“变了和尚，还挂着我们这些俗人干什么？”

他点头："尘世没法忘记，到现在还是有很多苦恼，一直到死那天，也丢开不了。"

我仔细观察加藤，发现他的样子和20年前没有怎么变，神态倒是安详得多，大概是因为吃素的关系吧。

"你还喝不喝酒？"我不客气地问。

"偶尔。"他答得坦白。

"吃肉呢？"

"偶尔。"

他妈的，我还天真地以为他已放弃了一切。

"我现在最想做的，就是去柬埔寨和缅甸，把去世的日本人的骨头捡回来。"加藤说。

我已忍不住地骂他："你这家伙，到现在还是迷恋电影，要学《缅甸竖琴》里那个和尚。"

加藤尴尬地承认："当年你包中国饺子给我们吃，我也一直记住。"

转个话题，我好奇地问："美国现在流行很多旁门左道的宗教，那是为什么？"

"都是因为我们这些正式和尚不够努力。"加藤叹了一口气后合十。

我不知道这个又喝酒又吃肉又忘不了往事的人是怎么一个和尚，但是最少他没有把罪归在别人身上。

大家互望，已到再次分开的时刻，相拥后走远。

花花和尚

《花花公子》日文版中，有与南宫夫人一样的信箱，为读者解答问题，不同的是，主持为一个叫上杉清文的和尚，他属白莲宗，在成就山本国寺做住持。

上杉除了做和尚之外，还有很多奇怪的兼职，如写剧本和做模特儿，他的专栏中有他全身涂金粉，化装成佛祖的照片，样子实在很怪。

现在摘译他的一些《人生相谈》。

问：我对人生的看法很淡泊，这影响我的性生活，我和女友去街，对性的要求也很淡，请问法师怎么办？

答：我对你这种吞吞吐吐的人最讨厌。早泄就说早泄，为什么扯到人生淡泊上面去？最好的办法，是把番薯干煲汤喝，包你医好你的早泄。

问：我看到女人就勃起，怎么解决？

答：佛典中对勃起有五说。一、欲心。二、大便。三、小便。四、虫。五、风。前三种是自然现象，没有救。虫的意思，是你去摸它，虫的毛一定竖起，你不摸它，不就没事吗？风的意思是放屁，你尽量不要忍，有屁就放，便会减少勃起的现象。

问：你有没有一段让女人会喜欢我的咒语？

答：咒语是——没有，没有，没有，没有……

牛次郎和尚

我一生人之中有好几个和尚朋友，印象最深刻的应该是牛次郎了。日本和尚多数是娶老婆的，牛次郎也不例外，他除了老婆之外，还有许多女朋友，并曾经闹过把一个三级片女明星的肚子弄大的绯闻。

认识牛次郎，是当年我策划过拍一部《满汉全席》的片子，和日本国营电台NHK合作的。写剧本的人选，我第一个想到的便是他。

牛次郎多才多艺，不念经的时候他便写小说、散文和舞台剧本，他的著作改编成漫画《庖丁人味平》，脍炙人口。“庖丁人”便是“伙头大将军”的意思，里面种种关于吃的材料，不是欣赏各类美食的人写不出。当然，日本和尚也是吃荤的。

第一次见面是在东京的帝国酒店，牛次郎驾了他的奔驰来到，请我吃天妇罗。

牛次郎长得又瘦又小，戴个圆框眼镜，一个平头，留着短髭，牙齿略有烟渍。

“你是一个真正的和尚吗？”我单刀直入。

摸着他的头，牛次郎笑着说：“日本和尚是父传子子传孙的，我长在一个和尚的家庭。”

“你的庙呢？”

“在热海附近，几时请你来坐坐。”

“谢谢你专程来东京见我。”我客气地说。

“不，不。”牛次郎说，“我在东京有个办事处，每个星期往返两三次。”

“办事处？”

“其实也不是个真正的办事处，用来写稿。”

日本有名气的作家就有这一点好处，在周刊的连载，不到最后一分钟不交稿，杂志社怕作家脱期，就派一个小职员去他家里等，通常派去的是女的，作家写写稿就把她搞上了。

牛次郎好像猜到我的心事，尴尬地说：“我的名誉不好，派来的是个男的。”

当晚，我们天南地北，无所不谈。牛次郎对中国文学知识的丰富，并不逊一般内地的年轻男女。

之后，我们常见面，成为朋友。

牛次郎约我去他的热海的庙，要用车子送我去。我说日本到处行得通，自己找上门好了。

终于一日到访，牛次郎的庙，地方比我想象中大得多，背山面水，遥望有活火山的大岛，风景优美得很，地方有20000平方英尺（约等于1858平方米——编者注）左右，穿过幽静的庭园便到他的住宅。

打开酒吧，数不清的种类，我们狂饮起来。

“来来来，我知道你也喜欢篆刻，给你看一件好东西。”牛次郎拉着我的手走进他的书房。

有如一间小型图书馆，中间摆着一副奇妙的机器。

“我这个人没有耐性。”牛次郎摸着头，“对于图章，我只喜欢布局，不肯花工夫去刻。”

原来这副机器由一个精巧的电脑控制，只需把印石夹好，再将印文输入，一按钮，刻刀便自动行走，飞沙走石，一下子便把一颗图章刻好。

“我要是去抢图章店的生意，他们一定破产。”牛次郎又摸头，一脸嘻笑，“不过，这架东西已花了我5000万，合40万港币。”

“你写那么多稿，也不在乎这些。”我说。

“单单稿费哪够我花！”牛次郎大叫，“我是个二世祖，玩起来没完没了。”

“你可以做回老本行，做法事呀！”我嘲笑。

“唉！”牛次郎叹了一口气，“现代人的遗族，已不肯花那么多钱替死人念经了。”

我也默然。

“不过，”牛次郎摸头想起又乐了，“我有新的生意，我带你去看看我另外的一个玩具！”

穿过他的庙宇，我们走到庙后的一间建筑物。哇！是个火葬场。

指着那个小型焚化炉，他叫道：“就是这个东西！”

“烧死人小不小一点？”我问。

“谁说是烧人？是用来烧猫烧狗的。”

“烧猫烧狗？”

“是的。”牛次郎滔滔不绝，“热海这一带是名胜区，尽是些有钱人的别墅，他们的子女一长大，都不和他们一起生活。老人孤单，便养猫养狗来做伴。我在路上散步见到了，灵机一动：猫狗一定比人短命，既然有了感情，便是好好地安葬它们。所以就订造了这个焚化炉，专替猫狗火葬。别小看它，烧一次20万日圆，要念经的话多5万，如果立墓碑，另卖10万，加起来不是个小数目，而且生意兴隆，做法事还得排队呢。老人花起钱来，比他们的儿子替他们办后事慷慨得多！”

“亲爱的，天凉了，多穿一件衣服。”牛次郎的妻子面貌慈祥，身材略胖。

“啰嗦些什么！”牛次郎大喝，“再啰嗦把你也塞进去烧！”

牛次郎妻子表情忽然转成狰狞，要用拳头击其脑，弄得他落荒而逃。

人间蒸发的友人

为了拍《霹雳火》那部电影的一场赛车，我到日本的下关去看外景。

这地方乡下得不能再乡下了。唯一值得一游的，是它盛产鸡泡鱼河豚。

一大早，海边的菜市场中便有河豚出售，是渔夫们一船船运到这个港口来的。

我见到了个熟悉的背影，绝对错不了，那是我的老同学佐藤。

佐藤在十多年前“人间蒸发”，这是日本的名词，说“一个人忽然间没影没踪，不见了”的意思。

真想不到能与他重逢，我大叫一声：“佐藤。”

他愕然地回首，看到我，用手指在嘴边嘘了一下，打眼神要我和他一齐走开，其他的渔夫，都用奇怪的目光看着我这个陌生人。

“别叫我的名字。”他说，“我在这里，他们都以为我姓新井。”

我们走进一间小酒吧，普通人的清早，是渔夫们的深夜，有间酒吧，专做他们的生意。

“你为了什么人间蒸发的？”我问。

“唉！”他长叹了一声，“为了一瓶药丸。”

“药丸？”

“是的，”他说，“我有胃病，随时要吃药。”

“那又和你离家出走有什么关系？”

“你听我说嘛。我的太太叫美香，你也认识。”

美香，我想起来了，她是我们学校的校花，多少人想追也追不到，想不到嫁给佐藤这家伙。

“你很幸运。”

佐藤不出声了一阵子，然后说：“怎么美丽的女人，结了婚，都会变的。”

“她对你不忠？”

“不是，她是个贤淑的女人。不过，她太小心眼。”

“所有的女人都是这样的，这是她们的天性。”

“我也知道，所以我一直忍着。”佐藤说，“毕业之后，我考进电通公司，负责拍广告，算是有福，步步高升，后来还当上部长。”

“哇，在那么一个大机构，做部长可不是容易的。”

“收入也不错，但是当我想花点钱的时候，我老婆总是说：‘老了之后怎么办？’我说有医药保险，有退休金呀。但我老婆说，‘怎么够？’”

“你们日本人不都是大男人主义的吗？”我问。

“我骂她一次，她听一次；骂她两次，她听两次。但是

女人的唠叨，是以百次千次亿次计算的。日本历史上的大将军，多少错误的决定，都由他们老婆的唠叨造成的。”

“避免不了的事，就投降呀。”我说。

“太疲倦了，我当然投降。投降之后，无奈极了。她一步一步地侵蚀我的思想，我每一次点多一点酱油，她每次警告说对腰不好，我想吃多几个蛋，又是胆固醇太高。”佐藤摇头。

“一切都是为你好呀！”

“是好，一切都为我好。我太好了，太安定了，太健康了。家也不像一个家。不对，我说错。像一个家，像一个她的家，不是我的家。先由客厅着手，面纸盒要用一个织花的布包着，一切都是以她的口味为主，变成娘娘腔的，卧房当然女性化，连我的书房，也变成她的贮衣室。”

我听得有点不耐烦：“你说那么多，还没有说到关键性的那瓶药丸。”

“我刚刚要说到那瓶药丸。”佐藤叫了出来，“我把药放在餐桌上，随手可以拿来服用。第一天，她就把瓶子收拾回药柜里。我说我知道了你爱整齐，但是这瓶药，我想放在这里，随时可以吃，好不好？征求她的同意，她点点头，拿出来后，第二天，又收回去。这次我不睬她，自己放在餐桌。第二天，她再次地收进药柜。我大发脾气，把餐桌上的东西都摔在地下。第二天，她将一切收拾好，当然包括我那瓶胃药。”

“那你就再也不回头地走了？”我问。

佐藤点头：“她还以为我外头有女人。我年轻时什么女朋友没有交过？我绝对不是一个临老入花丛的男人。她太不了解我了。我把一切钱银都留给她，算是对得起她，从此，我由她的生命中消失。”

“她没有试过找你吗？”

“日本那么大，我一个地方都住不上一两个月，她哪里去找？日本住不下，我就往外国跑。我现在学做渔夫，捕捕鱼，日子过得快活，是另外一种人生了。人家活一世，我好像有活了两世的感觉。是的，我很自私，人一生下来就是孤单的，自私对孤单的人来说，没有错。”

“不喜欢的话，离婚好了，也可以有第二个人生呀，何必人间蒸发？”

“你不会明白的，女人是不会放过你的。”佐藤说完，把酒干了。他没有留地址给我，因为他知道，他妻子终有一天会找到我的。

“要是她有一天出现在你眼前呢？”我追上去问，“你会说什么？”

“以其人之道治其人之身，我会向她说，‘一切都是为你好！’”

只愿无事常相见

另一个日本朋友的故事。

他为了正义，和警方冲突被捕入狱。出来后，死性不改，又打了起来，虽然被保释，但是我们都知道当法庭审判时，他是没有机会赢的。一天，几个同学沽了清酒，高歌一曲相送，他感动流泪。后来到了法庭，法官说证据不足，把他放了。这可糟糕，花了我们那么多钱，真是惭愧得要命，结果躲了起来，几年了还是不敢见我们这些“江东父老”。一天经过一家面摊看见他，赶紧揪住他，追问他这几年是怎么过的。他叹了一口气说：“做正经事有了坐牢的案底，谁敢来请？有一天走过一家银行，看见那夜间存款处的旁边有一个空位，就知道怎么办了。我去叫一个做熔铁艺术的朋友替我做了一个夜间存款一模一样的保险箱，租了一辆货车挡住视线，把假保险箱安装在真的保险箱旁边，然后把‘机器坏了’的纸条贴在真保险箱外，再把货车驾走。晚上来存款的人就把钱投入我那个宝贝里啦……”

“放钱进去要有收条的呀！”我说。

“自动收据发还器我当然也准备好的啦。”

“后来呢？”我急着问。他摇头说：“只计算错误了一点。当晚是星期六，太多人来存款，结果我那假的保险箱铁皮太薄，被钱挤肿了，我刚要去拿钱，已经有人发现不对去报警，我只好溜之大吉了。”

后来这几年的生活费呢？他说：“政府有一台自动贩卖机，是卖马票的，赛马之前，只要你放钱进去，按你要的号码和场数，那机器便吐出一张票子，马胜出了你就可以凭票去拿钱。一天晚上，我和我的哥哥弟弟租了辆车把那机器搬回了家，取出收据，然后第二天看哪一匹马赢了就把号码印上去，再去领现款。我每次领的不多，政府一算要改全国自动贩卖机的印刷费比我要领取的最高数目还要多几百倍，也懒得到处去抓人，你不要为我担心，我再活几年也没有问题。拜拜。”

三上陆男

收到一份画展小册子，原来是老友三上陆男从上海寄来的。翻内页有一幅画家的自画像，大胡子，头尚未秃，夹在信件中写着："如今你我相遇，必呼吾垂垂老矣。"

三上和我认识了30多年。那时候，他是一个英俊小子，他当电影的美术指导，我是监制，我们在一起拍了好几部戏，都是商业片，没什么好谈，但过程是愉快的。

其中一部在台湾拍外景，三上遇到一位美丽的少女。其实所有日本工作人员都遇上美丽的少女，只有纯情的三上，和她结了婚。

过了几年我再聘请他来香港拍戏，他已经是两个小孩子的父亲了，大概是混血的关系，儿子们眼睛大大的，都长得很可爱，我们住同一个宿舍，一家常来家里吃饭喝酒。

三上爱上香港，有不肯回东京之意，但当年日本的特技电视集大兴其道，什么咸蛋超人等，拍得不亦乐乎。三上看准这个机会，在东京开了家工厂，专做怪兽的造型和服装，要知道，每个星期一集的超人之中，一个超人要打倒好几只怪兽，生意怎么会不好？

潮流几年后就过时，三上终于可以买一栋楼，又把剩余的钱开家小酒吧，炒小菜招呼客人，渐渐做出名堂，调布区的住客，没有一个不知道这家叫“台湾妈妈”的店铺。孩子们都长大，有一个听说在深圳的旅游界工作，他们夫妇常来探他，顺道去了上海一趟，太太回日本去，三上就留了下来。

退休后的他，生活简单，每天画画，想不到很有成绩，今年11月4～8日在虹桥开发区上海世贸商城4楼开画展，我不能赶去，请上海的朋友替我送一个花篮。

记得我们一齐喝酒的年轻时日，常开他的玩笑：“你的名字叫陆男，注定你住大陆，成为大陆男人。”

婆娑罗

神户牛肉餐厅老板蕨野，对食物要求尽善尽美，连木炭也自己去窑里体验，烧得连眉毛都焦掉。和他做了好朋友，深信他的品位，去偏僻乡下一定拉着他探路。

“那么你得到婆娑罗去。”蕨野说。

我在大阪下机后，蕨野来迎接，一路向神户走，过了世界最长的吊桥鸣门桥，抵陆路岛，再过两小时的车程，到达目的地德岛。

“婆娑罗？”我说，“名字真怪，是什么？”

“是一家很独特的餐厅，在日本也算数一数二。”

经过优美的小庭院，踏入餐厅，有一长柜，可坐8个人，柜后有一幅像综艺合体宽银幕的画，是活生生的树木，透过玻璃窗望外面的花园，玻璃窗的左端开了一个小缝，让一棵寒梅长了进来，给客人的错觉是没有东西隔着的，设计得极花心思。

略为肥胖的主人小山裕久亲自走出来招呼，对蕨野有一份互相的尊敬。寒暄数句后，他走进厨房准备材料。

蕨野指着柜台后的那两块很厚的木板说：“这叫火木，

在上面切鱼，绝对不磨损，就不会沾上不同种类的海鲜的味道。现在已经很难买到，100万日元一块吧。”

先上桌的是日本人叫为“鲷”的红鱲。一鱼三味：刺身、烧烤和煮鱼头。

“唔，淡味。”我吃进口后说。

小山笑了：“对，调味品不咸、不甜，最主要用来发挥鱼的味道，我就直接叫这种烹调法为‘淡淡’。”

鱼多数已经是人工养殖，天然的少之又少。上次去罗浮山吃过一尾天然的黄脚鱲，鲜甜得不能用文字形容，这尾日本红鱲，味道比黄脚鱲还好吃。

“一般的所谓烹调，一定拼命加工调味，我做了几十年厨子，才发现原来调味越简单，愈能把材料感觉吃出来。让客人吃到原汁原味的东西，才叫料理。当然，也不是全部活生生拿出来吃，我们加热来处理时，尽量适可而止。”小山说。

“等到夏天，你来吃他们的烧鳗鱼，和别的地方完全不同。”蕨野告诉我。

“又是怎么一个做法？”我问。

小山说：“日本人的蒲烧，是把鳗鱼煮熟了才去烤的。一煮，鳗鱼汁已经失去，我们是原只烧的。”

“那肉不硬吗？”我又问。

小山笑而不语，蕨野说：“这就叫功夫了。”

“功夫也会害死人的。”小山说，“我几十年来一直追求，什么是更好吃的？什么是更好吃的？同种方法和酱料尝试后又尝试，总是碰壁。”

“客人不满意吗？”我问。

“客人只说好吃，没有其他反应。”小山说，“我又去研究油盐酱醋，追求‘究极’这两个字，结果发觉把‘自我’都抹杀掉了。烧菜的人都想把自己的那一套用自己的个性表现出来，犯的错误最大。客人像一面镜子，我们都想看到自己的影子照得漂亮，忘记了什么是原味，忘记了什么叫做真。”

“那么最古老的那一套烹调法，就是最真的啦？”

“不。”小山说，“我学师时，有些所谓‘黄金分量’的教条，像天妇罗蘸的酱，是上汤1/3、米醋1/3、酱油1/3的配合，不能改动。换句话说，师傅教你怎么煮你就怎么煮，那就没进步。我教后辈时，向他们说‘黄金分量’是可以打破的，各种1/3也可以变成1/5，加点清酒，加点海带汁。或者可以变成6∶1、11∶1，能够显得出材料原味的话，什么方法都能采取。”

“他还开学校。”蕨野说。

我一听到料理学校，大有兴趣，只知道日本出名的那几家，不知道在这种乡下地方也有料理学校。

“要学多久？”我问，“日本大师傅的训练，传说是几十年的。”

“一年就够了。”小山说，“一年之内便知道自己做得了做不了。也有很多本身已经是大师傅的人来我们这里短期进修。”

请小山的助理拿学校表格给我们看，学费是全年118万日元，合78000港币左右，学校还有宿舍可住，学历只要高中毕业就可以，当然也要懂得日本话，除了日本料理，还有中国菜和法国菜的课程。

“一年之中，他们主要学的是怎么把春夏秋冬的材料搞熟。有了基本训练，其他让他们自由发挥，能不能成为大师傅，是造化。”小山说。

“怎么不在东京或大阪开，为什么要在乡下开？”这是我最想知道的。

小山笑着说：“在德岛可以找到最新鲜的材料，与其把材料搬到大城市，不如把学生搬到这里来。”

福岛先生

福岛先生从日本来到香港已经不记得有多久了，只听他说过暴动那一年，他带了一群留学生，住在旺角中艺对面的宾馆，目睹社会的动乱，心有余悸。

尽管试过几回风波，福岛先生还是爱上香港，不肯离去。

“你还不回日本老家？”我说。

“我不是日本人，我是冲绳岛人！”福岛抗议。这一点他倒是分得很清楚，虽姓福岛，但从不认祖先。如果活在军阀年代，一定被抓去枪毙。

不过福岛还是在日本本土念书的，结交的同学，至今还是一年一度共聚于樱花树下。这一次，大家向福岛说：“你在香港很忙，可以不必参加。”

“真的只是些猪朋狗友！”福岛大为激动，尤其是看到那群人传过来的电邮，都是一些大吃大喝后醉倒的照片。

被困在这个小岛上，福岛也不在乎。他已是半退休状态，做了数十年的成药生意，已略有积蓄，和太太两个享享清福，没有下一代，也逍遥自在。

福岛最大的乐趣，除了和我们打打广东麻将之外，就是在街上遛狗，他们两夫妇爱狗如命，当成己出。

“这个星期我老婆去医院做个小手术，我一直陪她，没出门半步。”他解释缺席雀战的原因。

“狗呢？”我问。

“寄养在动物旅馆里。”他说，“昨天去接它回来，它看见我直摇尾巴，小鸡鸡也翘了起来，要我替它‘打飞机’。”

“什么？狗也要‘打飞机’？”我笑了出来。

“唔，”他说，“人有需要，狗也有啊，上一只养的是母的，还要替它绑月经带呢。”

Mr.Masturbation

福岛先生大为兴奋，告诉我："你写了我那一篇替狗'打飞机'的专栏，有十几个朋友打电话来给我，还有一通是巴西打来的呢。"

我懒洋洋地说："他们问些什么？"

"多数是问替狗怎么一个打法。"

"你教了他们？"

福岛先生说："是呀，对着狗头，伸出两根手指顺着打，等它兴奋，再把它转身，对着屁股，逆着来打。"

"有点恶心。"我说。

"你喜欢狗的话就不会觉得。"他说，"人类要为狗服务呀！"

不为人民服务，为狗服务，岂有此理。

"打电话来问的是老同事，多数是女的，你的女读者真多！"他说。

"她们不感到尴尬吧？"我有点飘飘然。

"老太婆怎么会感到尴尬？"他坦白地，"可见你的女读者多数是老太婆。"

唉，我叹了口气。

“其中一个是住在香港的日本人，已有几十年，她看得懂汉字，但问我什么是Ta Hi Ki。”他说。

日本人看汉字，可以先读音，“打”是Ta，“飞”是Hi，“机”是Ki。

“你怎么解释给她听？”我问。

“起初想直接讲，‘打飞机’日文叫Senzuri。”他说。

我问：“Senzuri有没有汉字的？”

“Sen，是一千两千的‘千’字吧，”他说，“至于zuri，是把suri读成浊音，汉字应作‘擦’字，擦了一千回，再简单不过了。”

“你告诉她Senzuri了？”我问。

“不，”他说，“后来我决定用英文，很多日本名词讲成英文日本人都懂得，我告诉她是Masturbation（Masturbation即“手淫、自慰”的意思——编者注）。她听了哈哈大笑，说以后不叫我福岛先生，叫我Mr.Masturbation。”

福岛

麻将搭子福岛先生，近60岁了，在香港住了三四十年，一口流利的粤语，输了绝不发脾气，只管骂自己笨贼。五英尺二三英寸左右，有个健硕的身体，但头已全秃，样子相当卡通。太太几个月前患癌症去世，福岛先生相当寂寞。好在养的长毛小狗一直陪伴着他。我从前写过，这只狗什么都不喜欢，只爱福岛替它“打飞机”，所以我们都叫福岛为Mr. Masturbation。

“真是奇怪，我去日本替太太办丧事，回来之后小狗一看到我饭也不想吃，抱着我的腿做性交动作，表示要我替它解决一下，这家伙实在精力充沛！”福岛说。

“养了几年？”

“从小抱来，11年了，等于人类60吧？和我一样。要是我能像它那样强壮就好了。”福岛说。

我们耻笑了他一轮，接着问：“你不在的时候交给谁看管？”

“最初是宠物医院，发现那里常客满。后来就交给了街坊，四五个女人，开了一家美容院，很热闹。我每天遛狗，她们看到了喜欢得不得了，我问她们可不可以帮我看管一阵，大家都很乐意。”福岛说。

打麻将打到一半，电话响了，是那帮女子问说可不可以留小狗过夜。福岛欢慰地说：“那就多多拜托你们了。”

“自己没时间的话就送人好了。”我说。

“我也考虑过，但始终是我太太养的，看到了狗，就想起她，舍不得。”

“那也好，”我说，“不然送给那帮女人，一个个打，把小狗打死了也说不定。”

其他两位麻将搭子大笑，福岛想生气也生气不起来。人好嘛，就要给我们欺负了。

元

元在东京出世，跟着全家搬到北平。日本人战败，因为他家是平民而由天津撤退，一路上乘的是马车。家人都疲惫不堪，路崎岖，两岁的元由车上跌出，他父母还不晓得。

两个小时后发觉，赶回去找，见元被中国农民抱在怀里，称赞他眼大可爱，送还给他父母。

这个故事，元的双亲一直要我说给其他中国人听，要大家知道他们欠中国人的实在太多。对教科书事件，元说日本最后会更正，但是那群腐败的政治家精神却永不悔改，日本人战败后没有举行人民公审战犯，是个大错。

他从中学时代开始一直写诗，至今未停过，诗人总有发表欲，如得不到出版商赏识唯有自印，出版一册1000本的诗集，要25000元港币。

他写了两本，都是用来送朋友，一册也卖不出。

身材高大的元，喜欢穿传统和服，戴眼镜留须，样子英俊。

清醒时常朗诵唐诗宋词，喝了酒可没有文化。

一次，大醉之后，他深夜独自闯入戒备森严的中央邮政局的汇款部。隔日守卫发现他坐在一堆现款信件上吹口琴。钱一分也不少，警察不知道告他哪一条罪，法官听后也笑着轻判了事。

酒喝得越来越凶，他家住3楼，有一次他酒醉飞跃而下，入院住了3个月，腰骨断了总算医好，但是脚却跛了。

渐渐地，元由愤怒青年进入中年，他虽然向环境屈服，做了一家小广告公司的老板，但精神上还是不停地反抗。他的广告多是介绍乡下的小旅馆和食品店，故客户一定要将最好的东西给他尝试。他由西至北，享受全国的美味，他说人生不能完全做自己喜欢的事，但是自己所厌倦的倒是要尽量避免。

几个月前，他旅途中醉后驾车失事。

摔下数百尺的悬崖，车子粉碎，他却平安无事地跑回乡下旅馆去睡大觉。警方由车牌找到他太太，说找不到她丈夫。她也是妙人一个，一点也不紧张，知道他会无事，倒头照样大睡。

新井一二三

从好几年前开始，读《九十年代》杂志时，留意到一个叫新井一二三的日本人，用中文写时事评论。

好几位文艺界的朋友都在谈论，说其中文没有瑕疵，一定是中国人化名写的，但也研究下去，好端端的一个中国人要用日本名干吗？

新井一二三，是男的是女的也不知道。日本名字一二三，男女都可以用，不像什么郎、什么子，一看就分辨得出。但作者用的文字和语气，都相当阳刚。大家都推测说是个日本报社的驻中国记者，一定是个男的。

是男是女，最好问《九十年代》的爷爷李怡兄。他卖个关子："新井人不在香港，等有机会的时候，才介绍给各位认识。"

后来，新井果然来了，在《亚洲周刊》当全职记者。一次朋友请客，李怡把新井带来，证实是女的。

像罗展风在《明报》副刊写她：新井有着日本女孩传统的娃娃脸蛋，清汤挂面，不施脂粉，简单服饰却又流露着一种说不出的Charming（吸引力）……

给人家归为有吸引力的女子，就是说她不漂亮。的确，新井并不漂亮。

但是试试看找一个会说流利国语，又能用纯正中文写作的日本人给我看！

日本出名的汉学家很多，翻译过不少中国文学名著，但是叫他们写中文，数不出一两个。

“我叫一二三，是因为我是1月23日出生的。日文读起来不是音读的ICHI、NI、SAN，而是训读的HIFUMI。”新井大声地自我介绍，你要是与她交谈，便会发现她讲话是很大声的。

新井简单地叙述了自己的生平：早稻田大学政治系毕业，其间学中国文学、政治和历史，后来公费到北京和广州修近代史。在《朝日新闻》当过记者，嫁去多伦多，6年之后离婚到香港来。

1984年邂逅李怡，当了他的“宠儿”，李怡一直鼓励她以中文写作。她先后在《星岛》、《信报》发表过多篇文章，终于出版了第一本中文书《鬼话连篇》。李怡说：“我感到似乎比我自己出一本书还要高兴，甚至有一种难以形容的骄傲。”

“很少中国女作家有那么勇敢，肯把自己的堕胎经验写下来。”张敏仪说，“我想见她，是不是可以约一约？”

新井在《亚洲周刊》时，我曾经和她在工作上有一些交

往，有了她的电话号码，找到她。

新井对这位广播界的女强人也很感兴趣，欣然答应赴约。

我们去一家日本餐厅吃晚饭，大家相谈甚欢，也提起她加拿大前任丈夫的事。

“我以为他是一个思想开放的西洋男人，他以为我是一个柔顺体贴的东方女子，结果两者都失望。哈，哈，哈！”新井笑起来，和她讲话一样大声。

香烟一根接着一根，张敏仪不喜欢人家抽烟，被新井和我左一支，右一支，熏得眼泪直流，但也奈何不了我们。

天南地北，无所不谈，讲到文学，她们读过的许多世界文学名著都是共同的。敏仪日文根底好，记忆力尤强，能只字不漏地朗诵许多诗词，这点是新井羡慕的。

她大声说：“如果我是中国人，便会像你一样吸收得更多。我虽然略懂中文，但是在诗词上的认识，总有不能意会的地方。”

“坏在我们太过含蓄，太过保守，不能像你们那么放。”敏仪的声调也受新井影响，高了起来。

坐在旁边的客人转过头来看这两个高谈阔论的女子，令我想起南宋刘克庄的《一剪梅》：“束缊宵行十里强，挑得诗囊，抛了衣囊。天寒路滑马蹄僵，元是王郎，来送刘郎。酒酣耳热说文章，惊倒邻墙，推倒胡床。旁观拍手笑疏狂，疏又何妨，狂又何妨！”

敏仪酒量不如新井，一杯又一杯，当晚干了数十瓶日本清酒。

新井又谈起她的加拿大前夫：“我们是用普通话对谈的，在广州认识，我当年才23岁，就糊里糊涂嫁给了他。离婚后才第一次和他讲英文。”

敏仪说：“不如单身的好，现在是什么世界？还谈什么嫁不嫁人？”

新井大力拍掌赞同。

话题又转到同性恋上去，新井嫁过人，堕过胎，当然不是女同性恋者。

“许多搞同性恋的男人，都蛮有天分的，尤其干艺术的，越来越多。”敏仪说。

新井也认为男同性恋者很有才华，她越说越大声：“但是，没有用呀，没有用呀！”

她那“没有用”三个字可圈可点，笑得敏仪和我差点从椅子上掉下来。

平辈

日本的一间大出版社与我商谈出我的散文集。之前的两本食评卖得不错，或有生意眼。

找什么人翻译呢？我相信自己能胜任，但是毕竟没有本国文字流畅，加上我的时间的确不够用，还是由别人去做。

经过再三的考虑和仔细挑选，最后决定请一条小百合担任翻译。

哎，她是一个脱衣舞娘呀！中国人和日本人都有这种反应。

我才不管。

小百合不是她的本名，原来叫荻尾菜穗美。日本演艺界有一个传统，是把尖端人物的名字一代代传下去，红极一时的一条小百合觉得荻尾可以承继她的衣钵，才把名字传给她。如果荻尾没有找到一个和她一样有水平的脱衣舞娘，这个名字便从此消失。

小百合在我就读过的日本大学艺术学院毕业，是我的后辈。大学中前辈照顾后辈，也是个传统。当她第一次来找我的时候，用生硬的粤语和我对谈，手上再拿着一叠厚纸，

在单字拼音上作了无数的记录，我已经觉得这个后辈并不简单。

后来她再送我数本她的著作，其中有自传式的，讲述为什么喜欢上脱衣这门舞艺。从追求和学习到演出，过程艰苦、一丝不苟，搏了老命，才得到前代一条小百合的认可袭名，对她更加佩服。

荻尾对中文的研究愈来愈深，后来干脆脱离舞台表演，拿了一点积蓄，香港太贵住不下，搬到广州学中文。成绩有目共睹，她已能在《苹果》和《明报》上写专栏，集合成书，叫《情色自白》，可读性极高。

变成另一国文字，能由作者翻译作者，层次较高。我写专栏，她写专栏，我已不是前辈，她也不是后辈，我们是平辈。

一条来信

快递公司送到一封文件，打开一看，原来是一条小百合由日本寄来的。这位艳星是日本大学艺术部的毕业生，曾著作多本传记性的畅销书，很好学。她寄来的信，内容相同，但一封日文，一封中文，很显然地在中文上下过苦功。

……我想告诉您我的近况。我仍然要在各地奔跑表演，半年以上都不在大阪，我结了婚，我的朋友说我是一个“不回家的妻子”。

我住在朝潮桥，除了有些波子机铺之外，这儿仍像古时代的市镇，是个十分贫穷的地方。

但现在的物价很便宜，例如，因买一盒50円的鸡蛋，一个钟头前就有阿婆、阿伯排队了。所以我都几喜欢住在这儿，因为大家都几平易近人，都几安静。

由东京搬来大阪之后，发觉吃广东菜的机会多了。附近有福临门，但是福临门很贵（比香港的还贵），只会在有钱时才去。

我在神户有些朋友，而且南京街的广东菜不太昂贵，离我家近，常去。据我所知，神户的唐人街比横滨的好味。

有时，听到酒楼厨房的厨师说广东话，感到好怀念香港。有些酒楼熟了之后，他们会煮些特别的招牌菜给我吃。

现在，我在南京街的杂货店，买些香菜、通菜，还有些调味料回家，然后好高兴地烧点我的风味的广东菜。

我仍然时常看香港电影，因为工作一直很忙，所以连录像机和录影带都带着上班，一齐看。唔知点解（粤语方言，即“不知道为什么”——编者注），我什么香港戏都看。

认识您之后，我去找您监制的《不夜天》、《原振侠和韦斯利》，在戏中我喜欢了钱小豪，感到他很性感，我可能有些唔（“唔”为粤语，即“不”——编者注）正常。

如果我继续写下去，您一定感到我好烦。祝好，一条小百合上。

第三代传人

接到一条小百合的来信不久，她本人储蓄够钱，跑到香港来小住几天，拼命学习广东话。

我这一阵子忙得要死，只能在公司和她聊了几句。

“还到处表演吗？”我问，小百合已经年近四十了，但状态还是维持得不错。

“唔，”她说，“不过我也想过退休。”

“找不找得到传人？”

凡是一代宗师，日本人有袭名的习惯，像歌舞伎等，脱衣舞娘亦是如此，永远让名字活下去。她本名荻尾，一条小百合轮到她，是第二代，她要物色第三代，才对得起老师。

小百合摇摇头：“那么多新人之中，只有一个还有点潜质，她今年才20岁，人长得漂亮，又有气质，在舞台上，观众永远不会想象到她是脱衣服的，可惜她……”

“可惜什么？”我已等不及地插嘴。

“可惜她不能接受蜡烛！”小百合说。

“蜡烛？”

“唔，”小百合解释，“先师的艺术，最高境界，是用

几十支蜡烛，烧红了滴在肉体上，令人看了叹为观止。她做不了，不能传她为第三代。”

日本人真是古怪透顶。

“她也有专长，”小百合说，“她能把小铁环穿在身体的各部分，像印度人穿鼻的那种铁环。她乳首各穿一个，肚脐一个，下面两个，手脚都有，上台表演是用很细的钢丝套进环中，把整个人吊起来。”

“咦哟！”我说，“那么恶心！”

小百合若无其事地说：“灯光打得漂亮，她本人皮肤又白，像天使那么纯洁，又带诱人的邪恶，刺激得观众拍烂手掌。唉，但是她太年轻，是不能学到什么深奥的舞技，只有被吊着飞来飞去啰。”

菊地（上）

日本的杂志社很肯花钱，为了替我拍几张照片，请了菊地和男前来。

菊地和我是老朋友，他是我佩服的当代摄影师，也是唯一一个我谈到什么吃的，他都能搭上嘴的日本人。两颗又大又黑的眼珠，是他的特征。一头长发，用胶圈束在后面。“你已经不必用这个打扮来向人说你是个艺术家了吧？”我们的友谊可达到互相开玩笑的地步，单刀直入地说他。

菊地还是尴尬地笑了：“别人还没留长发时我已经留了，老习惯改不掉，不是跟风。”

对美食特别有兴趣的他，不止熟悉运用镜头，还到各地去旅行，找新的东西吃。

“最近去过哪里？”我问。

“西班牙的一家餐厅，替他们出了一本书。”

“是被公认为最好的艾•布利吗？”我问。

“不是，我对那些新派菜没兴趣。”他说，“用最高科技去烹调又怎么样了？传统技法的基础都没打好。”

“我赞同。”我说，“有没有到内地去？”

“之前去过武夷山，拍了一本茶书，特地带一本送给你。”

印刷得可精美，图文并茂。除了武夷和安溪茶，对普洱也有很深的研究。看到后页作者的照片时，菊地站在一棵四五十尺的老茶树下面。

“这张照片很好，是谁替你拍的？”

“自己拍的。”菊地说，“茶树很高，要在老远才拍得了，我用三脚架，又开了自动掣之后，向着茶树跑，都来不及，来回跑了几次才拍得到，差点要了我的老命。”

关于餐厅和食材的书，菊地出了不少，也到过很多次印度。

食物的书销路还可以，其他的并不好卖，菊地说：“我到现在，还是穷光蛋一个！”

菊地（下）

食物人人都会拍，但拍得像菊地那么诱人的，没几个。

他来到香港“镛记”，拍招牌菜透明皮蛋时，大胆地用了特写，把皮蛋拍得像粒两头鲍鱼那么大，半透明部分在反光下发出七彩的光芒，中间的溏心如泉水般涌了出来，令人食欲大动。

拍“创发”的咸菜猪肚汤，更是一大锅，热腾腾的，几乎闻到香味。

别的摄影师，菜永远是冷的，拍不到热气。我曾经问菊地：“要怎么拍才有这种效果？”

“其他的人，角度左摆右摆，又爱搬动碟中的菜，以为这样才有一个好构图，怎么不冷掉呢？”他反问。

“有时，从厨房拿出来，已经没有热气，要怎么补救？”

“唯有用干冰了。”他说，“准备一个筛子，放干冰上去，淋了水，发烟后放到食物上面，一拿开即刻拍，烟没有那么快溜掉。”

我试过他的办法，真灵。

“但专家们一看，还是知道是假的。摄影师最重要的是胸有成竹，知道要些什么，事先打好灯光，等菜一上桌，按快门就是。”

我看到他也用了尼康电子相机了，他摇摇头：“报纸和杂志都要求摄影师用电子机，没办法，我只有放弃菲林投降。”

“为什么选尼康而不用锦囊？”

“我们这种专业的，还是觉得尼康好。”

“谈到专业，为什么不用哈苏？”

“单单是装在相机后面的电子装置，3000万像素，已要卖到50多万港币。那么高的像素需要大容量的电脑才能看到，又得去买一架新的。当今只有拍世界级著名的模特儿时装，所谓顶级大师才有钱去买。我们这种穷家伙，休想。”

“我最想问你的是：传统菲林和电子的，最大分别是什么？”我说。

菊地回答：“电子机马上看到结果，少掉了摄影师的灵魂，而摄影师的灵魂，就是那紧迫感和不安感，这正是用电子机找不到的。”

濑户内寂听

多年前，《料理的铁人》在京都举行过一次国际厨师大赛，评审员之中，竟有一个尼姑，叫濑户内寂听。

这位名人很有趣，言论不高深，求她给意见的人，当她是一个心理医生多过一个师姑。我单刀直入地问："每一样菜都要试，你能吃肉吗？"

"佛经中也没有说过不能吃肉，人家布施，有什么吃什么，但不可以杀生。"她回答说。

"这有什么分别？"

"想通了，就有分别。"她说。

她住持的庙叫"寂庵"，每月有一次说经，信者很多，都喜欢听她的讲解。我答应过带团友们去京都抄经，想起了她，打了电话去。

"欢迎欢迎。"她说，"你们到的那天我不在，但尽量安排大家来庙里抄经。"

过了几天，她又来电："我已经推掉约会，在庙里等你。"

抄经的过程只是把一张纸铺在《心经》上面，用毛笔临摹，但要坐在榻榻米上。266个字很快抄完，如果能忍，将会得到一片宁静。

关于《心经》，濑户内寂听曾经说过："我出家三四十年了，也只学会《心经》（笑），其他经太长，又难记，我受不了。"

"你到底领悟了什么？"我问。

"那个'色即是空'的'空'字，是'有'的相反；意识到了物质的存在，就是'有'，没有那种意识，就是'空'。举个例子，我在写稿时，工作人员拿了一杯茶给我，我一点也没注意到。后来写完了，忽然看到面前有一杯茶，这就是'有'。以此类推，如果我们不去注重人间的生老病死和爱恨别离，那就是'空'了。'空'是一件值得学习的事。"她说。

这回带大家去抄经，除了她的解释外，我还会用我自己了解的一套，尽量给各位讲解，虽然没有她高明，但至少是广东话。

尼姑之言

在日本京都嵯峨野举行的《料理的铁人》的节目中，我遇到了一个尼姑，80多了，叫濑户内寂听，不觉她很老，也不觉她像尼姑。

她也是评判员之一，这个尼姑可真够忙，写小说、上电视、做法事，还在周刊上有个专栏。最近，读到她一篇关于“幸福人生”的论调，虽然也属老生常谈，但对了解日本人，有多一点认识，试译如下。

没有钱吗？什么时代，都有这个问题。

和我聊天的人，话题多数是和钱有关，什么被减薪啦，借钱还不了，被人追杀啦，只有死，用保险费来还啦等等。

走到这个地步，都是由想住更大的房子、要吃更贵的东西开始。这是人类的欲望，谁都有的，我们出家人说这是“烦恼”。对策只有“小欲知足”。欲望小了，烦恼就小了，就此而已，很简单，别愈想愈复杂。

我们只要想想日本战败后，有多可怜！

当然经济转好了，崇拜了物质主义。当今的男女都要买名牌货，名牌要花钱，所以感到有钱才是幸福的。

我们没想过从前贫苦的生活，那时候的女人为了养家而出卖肉体，当今的为了买名牌而和人睡觉，就连学生也有“援助交际”这件事发生，轻易和老头搞上了。

就算你有了钱，有了名牌，又如何？最近我的朋友一死，家里的人即刻闹抢家产的丑闻，做人做到那样，值得吗？

刚写了一本小说，主人翁是一个借高利贷的，他住皇宫式的屋子，花天酒地，后来投资失败，朋友家人都离他而去，想自杀。死前去了一个公园，看到笼里的猴子，反正快死，就把剩下的钱买花生给猴子，猴子吃完屁股朝着他走掉，他才发现人类根本和猴子差不多，都是忘恩负义，就不自杀了。所以钱没那么好用！

老尼濑户内寂听继续说：

有时想想，有钱可以买名牌，但买不到学问。就算你父母有关系，推你进一家名校，你的事业就会一帆风顺，大公司都来请你。不过，最近的大公司也一家家倒掉呀！不倒的经费缩减，裁员多了，下一个可能轮到你。

我们做人要有信心才行。

而给你信心的，是你学到的东西，交到的朋友。这才是幸福。

什么？你已经忘记了幸福是怎么一回事儿了吗？你很快就会知道了。当你生了病，就知道什么叫幸福。

老了怎么办？人都要老的，所以我们乘年轻一定要学多几门学问才行。像我，80多岁了，还在每天忙着呀。

我也不是因为当今有了地位才说风凉话，我也知道对于有些人来说，老了能够做些什么呢？其实老了也有许多事可以做呀，举一个例子，像去帮忙更老的人，不就行吗？

老了整天在家里等死，那才是老，老了出来参加社会活动，就不觉老。

像跳跳社交舞呀，像找人下下围棋呀，公园里有很多和你一样老的人，他们都乐意和你做朋友。

我认识的一些老太婆，出来做晨运，愈做愈年轻，还有些老头对她们有兴趣呢。

老婆死了的男人，最好是交个女朋友，家里反对是他们的事。只要你不跟那个女人结婚，我想家里也不会那么多声音。

女人也一样，虽然没有性生活，拉拉手仔也过瘾呀。

工作，爱情，或者说做个伴吧，也比呆着什么事都不做好。

做事也不一定为别人，为了认明自己是存在的，也应该不停地做，做到仆街（“仆街”为粤语方言，此处意思是“倒下”）为止。

酒狂大臣

与友人在东京的一家小酒吧把杯，遇一70多岁的老头做牛饮状。

“那人叫泉山三六。”朋友悄悄地告诉我。

以下是泉山三六的故事。

泉山原来是鼎鼎大名的财政大臣，30多年前他闹过一个丑闻，那就是喝得大醉之后，在国会里抱着女议员山下春江，欲强吻她，第二天报纸刊出大标题——《大臣醉虎传》。当时也有传言说女议员山下是个骚婆，和谁上过床，泉山得罪过她，所以她乘泉山喝醉上前去纠缠。

但是泉山隔天即辞职，不为自己辩护，只是说：“是我蠢得交关（“交关”为粤语方言，即“厉害、到极点”的意思——编者注）。”

泉山是东京大学高材生，对唐诗也极有研究，他毕业后第一件事是跑去三井银行求职，人事部长问他：“你喝不喝酒？”

“喝。”

“喝多少？”

“大瓶的清酒两三瓶吧。”

“喝酒的人多数做人不够温厚。”

“温厚的人并不一定是聪明的人。”泉山回答。

结果人事部长录取了他，泉山当晚请人事部长去喝酒，并写了一首汉诗，日本人不会押韵，诗曰：“浅酌低喝日日长，幸培风骨高堂醉。男儿应必知己用，一片古心托羽觞。”

日后，泉山慢慢地往上爬，竟然给他当上国会议员，当时的首相吉田茂看他年轻能干，不到一年，便升了他做财政大臣。泉山当职时也同时做了日本残疾人士联盟顾问，到处筹款支持，得到身负伤害者的爱戴。

有一晚，八十几个残疾联盟干事请泉山喝酒，每个人都用大碗上前敬酒。泉山看到这群断脚壮士那么热心，异常感激，来者不拒，一共喝了80多碗，结果酒豪也要大醉倒地，被他们抬回家去。据说有人听到泉山讲过：“我这一生人中最快乐的时候是因为喝酒，最痛苦的时候也是因为喝酒，酒跟我有缘，真是怪事。”

首相吉田茂死了，守夜的那晚，泉山一人静坐，不出声地喝闷酒，一喝就是五大瓶。日本酒一瓶1.8公斤，共9公斤。

醉后，泉山又狂写汉诗，诗曰：

“一路春风应托酒，英雄半面是诗人。”

泉山的诗我们看来并不大通，但豪气是有的。看到这位老人的背影，我默默祝福他。

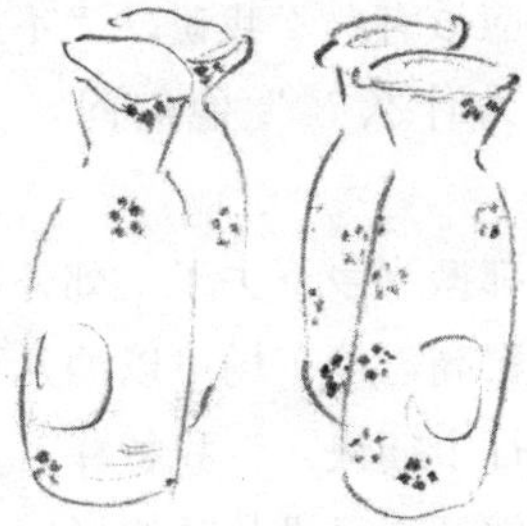

成仙

“吃饭的地方附近，有没有波子机打？”日本旅行团的一对夫妇问我。

“你们说的是Pachinko？”我说。

他们点点头。

波子机我年轻时也玩过，一粒粒发亮的铁珠，左手塞进机器，右手按着手掣弹出去，瞄准了角度便进洞，跟着稀里哗啦地掉出数十粒，愈进愈多，几百到几千粒波子，可以拿去换礼物，拿了礼物，再到后巷中换钱，是种变相的赌博。

“应该有，”我说，“不过商业街中愈来愈少了。”

“为什么？”他们问，“这种游戏永远不会衰退才对。”

“都搬到乡下去了，郊外一间巨型的波子机店，有的建到七八层高，停车场可以泊几百辆车，24小时营业，让客人安心地打个痛快。”我解释，“不过新的机器不谈技术，自动地替你打，已没从前的好玩。”

饭后散步，带他们找到一间，这对夫妇看见了即刻欢呼。

“你们上次打，一定大赢。”我说。

“你怎么知道？”

我微笑不语。

赌博这件事总要让大家赢一次才会上瘾。它还有一个很强烈的诱人因素，那就是愈输愈勇，人类的个性是不言败的。

第二天遇到他们，垂头丧气。

“怎么，输了？”我问。

他们的表情即刻一振：“今晚再博过！”

换一个角度来看，花几十几百去买一个美梦，也不是坏事，只要大家知道什么时候停止。

我们都不知道什么时候停止，包括恋爱，非常伤身。不知道什么时候停止，吃白饭也会吃死人。知道怎么停止，我们就不是人，成仙了。

大阪人

来了几次大阪后，对它的印象改观。年轻时匆匆经过，以为是一到处见烟囱的工业城市罢了，没有京都那么优雅，也不及东京的繁华。

接触了大阪人，才知道他们的思想敏捷，做事决定得快，和香港人有很多相同之处。

工业已逐渐搬离，大阪剩下的是庞大的商业组织。是的，大阪人是日本人之中最会做生意的一群，从他们的报纸可见，《朝日》和《每日新闻》，都不及《经济日报》销得好，好像每个人都中意（“中意”即“喜欢”——编者注）做买卖。

生意之余，他们大吃大喝，食的花样较东京多，也比东京便宜。人们懂得赚也懂得花，游水海鲜最先在大阪流行。

大阪人讲的是关西话，和标准日语不大相同，像“谢谢”的Arigato，关西话说成Okini，其他乡下地方人到了东京，都弃土音改为标准语，只有大阪人坚守关西语，懒得管你懂与不懂，这是他们相当自豪的一件事。

说到态度，就没有北海道人热情，大都市人总有一份冷漠感，一旦做了朋友，却会发现他们很深情，我有许多大阪旧交，几十年后见面还和当年邂逅时那么亲切。

和大阪人做生意多了，就摸得清楚他们有几个面孔：先是笑融融的，一杀他们的价，便摆出一副愁眉苦脸，接下来是苦苦地哀求，还做不成的话，大阪人便先不在乎，后来变成愤怒，说怎么可以那么欺负他们？最后见对方也让了一步，他们又是五四三二一地愤恨、不在乎、可怜、哀愁，最后回到笑融融。

总之和大阪人做买卖比和京都人容易，京都人皮笑肉不笑的，永远猜不出他们在想些什么。东京人的决定太慢，从来不肯一个人揸（“揸”即“拿”）主意，要死也要把整家公司拖下水，不是一个人的错。懂得大阪人性格，交女人就利索，要与不要分得清楚，不会拖。

政客本色

返港后去一趟东京，当富士电视台《料理的铁人》评判，这个烧菜比赛节目已做了6年，这次最后，只有大型比赛才叫我。

其他评判员有女明星三田佳子、男演员梅宫辰夫、食评家岸朝子，还有大名鼎鼎的前度总理大臣桥本龙太郎。

我对桥本一向印象不太好，觉得他是一名油头粉脸的好战派，这次富士请得到他做评判，可说是天大的面子，对他恭恭敬敬，我可不理会那么多，无大无小地和他交谈。

站在休息处，我们两人都抽烟，桥本比我矮好几英寸，抬着头才能面对。

“你这一头油油腻腻的头发，是不是搽了发蜡？”我问他。

“不是发蜡，只是发乳。”他说。

“百露护？”我问。桥本点点头。

“有没有染过？那么黑！”

“没有，没有。”桥本说，“我好羡慕你的白发，日本人叫为‘浪漫银灰’Romance Grey。”

“通常爱吃什么菜？”

“呀，”他感叹，“都是冷冷的便当，太忙了。很久没吃到真正的料理，今天借这个机会好好吃它一顿。我也算是一个美食家呀。”

“政治家，并不一定是美食家。”我说。

桥本笑了：“你说得对，以后有人问我，我只可以说我是好吃家。”

试菜时，一道又一道，每次问桥本的意见，他都从头赞到尾。

日本语中，政治和赞美，都读成Seiji。

对这种毫无意见的人，我不客气地说：“政治家，真会赞美人。”

桥本听了没生气，笑嘻嘻地说：“我看过你上电视当评判，给的意见都很辛辣。辛辣的话，才是真话。”

马屁拍到底，政客本色。

影子将军

“将军”这两个字在日本给德川家康宣扬之后，比皇帝还厉害。田中角荣是将军幕后的将军，日本称之为“影子将军”。

这个跑去中国吟诗作对、表演书法的人，没有读过几年书，但他过人之处是记忆力强，而且遵守着一个他认为的真理——贪污。

上次在日本过年，看到电视上直播田中巨宅前，财团主席、政治首脑，一个个捧着大包小包礼物去他家拜年的新闻，这些人都是受过田中“恩惠”的徒子徒孙。任何场所，田中一看到以前遇见的青年，便指名道姓地上前问候，让这群小鬼受宠若惊。部下求见，他不等人开口，就说：“好，好。”马上大手笔地送上钱去。“好，好。”变成他的口头禅。

那么多钱是哪里来的呢？贪污是无孔不入的。由新潟县开始，田中一直用钱收买，当上议员再闯去东京，占了交通和经济大臣这两个肥缺，用微不足道的资本给亲戚和手下把火车经过的土地收购，实行他的新干线计划，等由东京到大阪的子弹火车一通行，地皮身价百倍。

对他出生的新潟县乡下，田中大肆建筑学校医院，捐款给每一种福利，最后还特地弄一条由东京到新潟的新干线，新潟人民却当他是神。田中又把买卖土地的钱收入腰包。

资本主义产生田中这样的枭雄，也出现英勇的小人物。一个寂寂无名的记者长年追索和调查，终于揭发田中在“洛歇事件”（又称“洛克西德案”——编者注）中拿美国飞机公司巨款，又有一名也是新潟县出身的法官把田中定了罪。

小鬼变中鬼，中鬼变大鬼，田中培植的死党分布在政府机构的每一个角落，过程中这些人都与他一齐贪污，指责田中等于判定自己，所以都迟迟不判田中入狱，让他逍遥法外。中曾根由议员到交通大臣再成首相，走的路也和田中一样。

不过，后来田中的一批亲信不管三七二十一地背叛他，另外组织了一个新政党，田中一听，气得马上中风，差点死掉。上帝是公平的，临终之前，还要整他一下。

权力

日本首相森喜朗终于宣布下台，做了11个月，一点功绩也没有。

这家伙还是老粗一个，乱讲话，把中国叫为“支那”，绝对不是什么好东西，走了一点也不可惜。

之前，他说过怎么也不会退位，你有本事来逼走我好了。

一旦试过权力欲，是不容易放手的。

但所有的腐败统治者都被赶走：菲律宾马科斯、伊兰沙皇、前南斯拉夫的米诺舍维奇等等，他们试过权力的甜美，不能恢复平凡的生活。

本来也是普通人一个，有的还是由穷困中挣扎出来的。他们一心向上的志气，开始的时候没有什么不妥，是后来变坏的。

最初，当他们赚到钱买一个面包，常发誓道：我再也不挨饿了。做什么都好，我再也不挨饿！用这个不挨饿的理由，他们一步步爬上去，见人杀人，见佛杀佛，台阶是用朋友的血肉换来，出卖别人已是家常便饭。

对他们的上司，他们会说：“我一定和你共进退！”

到时，在上司背部刺一刀：“谁和你这种人一齐抱着死？”

在权力最高涨的时候，他们身边有很多很多的Yesman，在追求权力的时候，他们自己也当过Yesman。

这些人起初不肯闭幕，但是为什么终于一个个下台呢？

船沉老鼠逃，曾经扶植过、也最信任得过的所谓伙伴，背叛了誓言。独裁者认为不可能发生的事发生了，看见了也心寒。

“想不到有这么一天！真想不到有这么一天，唉！”他们摇头叫喊。

怎会想不到？真是的！权力，是会蒙住人的眼睛和他们的良心的。

太后

昭和天皇死去那一天，我们刚好在日本办事。真巧，他老婆去世，我们也在日本玩。

这个女人命也不是那么好，出生在一个亲王的家庭，14岁就被决定要嫁人，读了5年做皇后的礼节，才够资格入宫。

忽然，发生一个大事件。

日本皇室也不提是什么，后来才知道有人发觉她的祖先原来有个人患了色盲。

天皇的种一定要很纯正，我们看来色盲是小事，但在皇室是绝对不允许的，他们决定取消婚约。

白白读了那5年的工夫，差一点白费，传说中是当年的王子反抗他父亲的命令，一定要娶这个女人，才平息了风波。到现在我们也不知道目前的这个平成天皇有没有色盲。大正天皇死后，王子立位，改为昭和。她替昭和天皇生的，第一个是女的，第二个也是女的，担心得半死。后来好在追了两个儿子、一个女儿，才没发生另一个大事件。

跟昭和天皇一辈子，也不是易事，最担心的当然是战败后，美国兵会不会审判她的丈夫。后来天真的美国人放过天皇一命，才松了一口气。

到底天皇应不应该为战争负责呢？如果给日本兵打胜仗的话，他当然领功。失败了，就推得一干二净，说是军阀们的坏主意。

要不是蒋介石不争气，美国人假大方，的确应该审天皇，那么就会将日本的军国主义亡魂完全打散，篡改教科书的问题便不会发生。

说回皇后，她并不像英太后那么受欢迎，样子也不那么好看。

两个人同样地活到90多岁，英女王听到她死了，自己也应该知道活不太久吧？

日本太后是红十字会的主席。但没听过她替红十字会做些什么，我们也有一个替红十字会办事的，也没听过她做过些什么。

大头妈妈

阿寒湖的这家酒店，尽量讨好客人，招呼无微不至，晚上还摆了两个免费的饭团让人当宵夜，半夜起身写稿，视为恩物。

晚宴食物应有尽有，单单螃蟹就有刺身、白灼、炸烤等等，大师傅把蟹脚的壳拆开一半，用刀切出细纹，浸在冰水之中，使它开花，是很高的技巧，一般的大厨师做不到。本来应该吃饱，奈何忙着聊天，才吃饭团。

对着稿纸，想起在晚餐出现的女将，所谓“女将”是旅馆的灵魂，兼质量管理，大小事一切包办。

这个女将长得还有三分姿色，一身名贵和服，那条腰带已值日圆百万以上，但大家注意的是她的发式：梳成足足有一个足球般大。众人都说是假发，不然每天不知要花多少工夫在头上，叫她为“大头妈妈”。

“辛苦你了。”见她忙得团团乱转，我说。

“唉，”她叹了一口气，“谁教我嫁给这旅馆的老板呢？当它是一份职业了，这是我们日本人一贯的办事精神，要做就做好它。”

“一个女人负责这么大的一家旅馆，真是了不起。”我赞许。

她说：“但是问题出在我应该站在哪一边。要客人满意，就得多花本钱，每天和我老公吵个不停，矛盾得很。”

“对客人细心，已经足够。”我说。

她那个大头，摇了又摇：“有时，也得随机应变。”

团友们觉得那双筷子很好用，夹食物不溜，掂重量恰好，手感极佳，问我是什么筷子。我一看，是樱花木制的，很名贵。

大头妈妈即刻向众人宣布：“筷子用完请拿回家。”

团友大喜。“又要和老公吵了。”大头妈妈笑着说。

金婆婆银婆婆

日本人最崇拜的偶像金婆婆银婆婆，相继在108岁去世。

大家都在研究她们到底每天吃些什么呢？原来是：

早餐，烤紫草、灼波菜、面豉汤、日本茶、饭吃一点点，或不吃。

中餐，烤鱼、鳜鱼刺身、腌青瓜、饭和日本茶。

晚餐，红烧左口鱼、刺身、煎汉堡、薯仔沙律、海带面豉汤、饭、日本茶。

有时孙儿和曾孙买了一些肯德基炸鸡给她们当零食，可见牙力还不错。

姐姐金婆婆拥有天真烂漫的个性，天塌下来当被盖；妹妹就比较冷静，常常指点姐姐做这个做那个，她也喜欢批评政治，宫泽喜一当首相的时候，她曾经公开表示："这个人不可以相信，一脸狐狸相，笑也不像笑，把国民当成傻瓜！"

一个叫绫野的作家跟随金婆婆银婆婆多年，他认为两姐妹存着很深的竞争心理，这也许是长寿的秘诀，不断地竞争，头脑会更灵活。

其实想竞争的只有妹妹银婆婆。姐姐金婆婆才不管那么多。史诺比经常一面跳舞一面说："100年后又有什么分别！"

金婆婆会说108年后，也没分别。

金婆婆先走了，自此以后银婆婆就没什么活下去的斗志，常说："家姐不知道去了哪里？我很怕。"

手上拿着念珠，有时她会钻进被单里大哭："走了算数，走了算数！"

银婆婆也去世，她的家属把遗体赠送给医院解剖，来研究长寿的原因，也是普通病死。

大家都以为老了就死了。其实世上并没有为"老死"这个原因而死的。一般都是有病，像心脏、气管、大脑等等生了病才死去。问题是死的时候，安详不安详罢了。

寡佬

愈来愈多日本男人不肯结婚，三十几岁的独身汉，比从前增加一倍。

“我不能决定。”一个有女朋友的男人说，“我没有能力养小孩。”

这是最普通的答案，经济不景气，公司随时裁员，已没有从前的大机构的铁饭碗。娶妻育儿，要花很多钱，他们的薪水怎么也不够花。

“我要照顾我的爸爸妈妈。”另一个男的说。

“我也要呀。”女的说。

“好呀。有孝心。”男的说。

“不过，结婚之后，我不要和你父母亲住在一起。”女的说。

这一来，又结不成婚了。

经济泡沫还没有爆裂之前，父母对儿女的感情，用金钱来买，令儿子长大了也认为在家生活比较合算，自己的薪水当成储蓄。住惯了，要叫他们自己过活，像要他们的命。

女人也开始看不起男人，这是从前很少发生的事。男人拼命工作时，女子成群结队去外国旅行，眼光扩阔起来。啊！这种小男人，怎能做他的老婆？你看外国人对他们老婆多好！

标青的男人，还是会在40岁之前结婚的，并不是他们想，而是社会逼他们，在大机构中工作，没有家庭的话，代表人还是不够成熟。他们为了升官发财，非结婚不可。

独身的话，性生活怎么办？有女朋友找上门的例子并不多。唯有租些三级片自己解决，或者去肥皂王国，让浴花为他们搞掂（“搞掂”为粤语方言，即“搞定”——编者注）。

久而久之，他们以为这是女人应该做的事，有个王老五娶了老婆，洞房之夜，他大剌剌地躺在床上，分开双腿，向女的说：“你可以开始了。”

娇妻一气之下，即刻提出离婚。这个人，又变成三十几四十的寡佬了，怪不得那么多。

OL

在街上溜达，遇一日本女子，曾经在香港认识，记得她叫昌子。

“去我工作的酒吧坐坐。”她邀请。

“你不是当秘书的吗？”我问。

她叹了一口气：“等会儿慢慢聊。”

酒吧开在一座商业大厦的8楼，不是随便能走得进去的，只做熟客生意。

“我宁愿在这种地方做，免得遇到亲戚和朋友。”昌子说。

“你还没告诉我为什么转行？”我问。

昌子说：“我没转行，照在大公司打工。”

“那么来这里干什么？”

“兼职罢了。”昌子说，“公司那份工，一个月只能赚16万円。”

“有近两万港币了。”我说。

“你知道我的房租去了多少？已要5万，电费、水费、煤气费、倒垃圾费加起来，已经10万，交通呢？吃呢？”她不停地叹气。

“说到吃，你每天吃些什么？”这倒是我很想知道的事。

“吃白饭和喝水。”她说，“要买东西，只能在100円商店购买。”

我看到她手中有个电话，翘起一边眉。

“哦，”昌子说，“没手提电话已经不能过现代人的生活，不过每次打，都会看秒表，不能打太久。”

“去找一份薪水更好的工作！”我说。

“见工要花电车钱呀。”她说，“最后只有来酒吧做兼职，补贴补贴。这里每一个小时有2500円进账。一个礼拜做两天，每天3小时，不然连睡觉的时间也没有。从前，我们当秘书的多钱，叫OL，Office Lady，听起来不错，现在给人叫OL，是一种羞耻。”香港人学用OL这个字眼，当成流行，是时候改了。

我问昌子：“男朋友呢？”

“有一个。”她说。

“叫他请吃饭呀。”

“他也是在大机构打工的，薪水比我多，但是要花钱应酬同事，一个礼拜到酒吧去喝一两次，钱已花光。”昌子说。

“那么你们不出去拍拖的吗？”

“多数是去他家里，或者来我家，看看电视，看完做一会儿那事，闷到极点。”昌子说，“有时他亲戚到他家住，或者是我有同学来寄宿一阵子，就连做也没得做了。”

“去爱情酒店呀！”我说。

“那么贵，怎付得起房租？”

“租房不是男人付钱的吗？”我问。

“像是不成文的传统，都是我们女人给的。”昌子很无奈，“上次的男朋友离开我之后，找了两年，才找到现在这一个。那两年之间，我上面和下面都吃不饱。”

“可以陪酒吧的客人睡觉呀！”我建议。

“不，不，不。”昌子大叫，“这种事千万不能做，一开头，觉得钱赚得容易，以后就一直以这一行维生了。我左左右右的同事，不知道有多少人去赚这种钱，我自己做不下手。其实，在这里兼职的，都是非常保守的女子。来，我介绍几个给你，这是沙雅，这是明子，这是久美子。”

一个个少女围着我坐，今晚生意真差，酒吧一个客人都没有。

“你们都是OL？”我问。

有的点头，有的说是卖化妆品的……

“你们最大的愿望是什么？”我问。

“吃一顿韩国烤肉！”她们同声叫出，“好久没吃肉了，能吃得到，什么都做。”

我笑出来：“好，请你们一齐去吃。”

大家大乐，我也大乐。

福田和子

日本最近的犯罪案中，最离奇的是福田和子的那一宗。

福田和子住四国，因为妒忌一个女同事，把她杀了。

跟着，福田开始了她的逃亡生涯。她经过了4次的整容，弄得别人看不出她的真面目，逍遥法外。日本人的法律是经过20年，要是案子不能破，就算抓到犯人，也不能判罪。

之间，福田和子一直利用和男人发生关系而生存，但并非出卖肉体那么简单。她长得并不好看，态度却诚恳，办事能力又强，曾经协助过一间日本蛋糕店的老板，把濒临破产的生意一扭乾坤，变成大赚钱，还替这间公司建了大厦。

本来应该有个圆满的收场，但是福田缠着蛋糕店老板，要他和他老婆离婚。但她又拿不出结婚需要的很多身份证明，蛋糕店老板的太太开始调查她，警方也追踪而来，派大批警察来到蛋糕店抓她时，福田刚好参加完一个葬礼回家，看见了，偷了一部脚踏车，给她逃脱。

20年的期限快到，为她做第一次整容的十仁医院查出她的档案，认为间接替犯人做了帮凶，大感尴尬。

这时，警方出1000万日币赏金，十仁医院出3000万，一共以4000万来抓人。

全国人民为了奖金而不断讨论如何逮捕福田，有些人还提供了和福田通过电话的录音带，因为面孔已认不出，只有靠声音追踪。

结果在一间小吃店，店主和熟客都认为常来光顾的客人声音极像，怀疑是她，于是布下圈套，引她来唱卡拉OK，并给两个马拉加斯乐器（是一种椰壳造的乐器）给她摇，取下她的指纹交给警方，终于把她抓到。天网恢恢，时间是离那20年期限的前21天。

女大将

汤原的温泉，被选为“露天泉之横纲”，“横纲”即“冠军”的意思。“女大将”，也就是老板娘，与我私交甚笃，样子比年轻时的朱茵好看，每次见面，都是一种喜悦。

有些团友一下车，就迫不及待地跑到旅馆前的男女共浴池泡，虽说是酷暑，泉水又热，但是面对着清澈见底的小溪，又有一阵阵凉风吹来，心旷神怡。

怕羞的在旅馆的大池浸，老板娘大概收入增多，把池子装修得焕然一新，还在池内安装了两张石造的沙发，让客人躺着泡温泉。三楼的家族风吕还是老样子，可供情侣或一家人浸。其他的旅馆要另外收钱，这家人免费招待，但得预约时间，每次只得用1小时。

四楼的露天风吕也是新装修，特别有品位。一共有两个池，一个很小，像我们的浴缸，是用绿色的瓷器烧成，出水口用一只瓷青蛙吐水，不是个铁的现代水喉。

池边有个牌子，写着：“池小泡人小，如果遇到儿童，请让他们优先浸。店主上。”

另一个大池的杉木框又传来一阵阵木头的香味，顶上无

盖，池旁又挂着一支铁网，牌上写着："太舒服了，小虫和树叶都来浸，如果你看到了，请用网捞出来。店主上。"

日本旅馆传统上必有一位女大将掌管，她们有个联盟，每年开一次大会，把工作的酸甜苦辣写成文章出版成书，有文采的不少，平时喜欢在她们的旅馆中写几行字，可以观察到她们的性格和品位。

大餐后，老板娘请了一位女钢琴家兼歌手在大厅演奏，还以为是什么钢琴协奏一类的古典乐，弹出来的却是一些经典电影的主题曲，人人熟悉，又偶尔唱几句。钢琴家年龄和老板娘相若，据说是同学。见她们相聚，感叹命运不同，各走人生路，唏嘘一番。

汤原老板娘

不知不觉，来了冈山县的汤原的旅馆“八景”已7年。

有些人喜欢装修得很高贵的温泉酒店，我却对这种乡村味的旅馆情有独钟，来到这里像回家，前来迎接的老板娘更给我亲切的感觉。

“我今年42岁了。”她说。

个子矮小，但面孔非常漂亮，胸峰之高，蔚为奇观，团友们都叫她“日本朱茵”。

第一次见面，她35岁，狼虎之年，艳丽得诱人。当今看来，依然风情万种，一点也不觉老。

一般温泉旅馆的老板娘，日本人叫为“女大将”的，多为受聘者，汤原这位是真正的主人，家庭富裕，但就是爱上旅馆这一行，由建筑到管理都亲力亲为。

每年来到总看到进步，屋顶多了一个露天浴室，房间翻新又翻新，但不失传统，充分表现祥和宁静的气氛，是别的旅馆少有的。一点一滴的更新，可见老板娘的心血，全副精力都摆在这家旅馆里面。

到达后先去地下的大浴池浸一浸，这里的泉水无色无

味，异常润滑，被誉为“露天泉之横纲”，即“温泉之冠军”的意思。

室外的，在河的一旁，共有大热、中温和略凉三个池子，为男女共浴，日本已经少之又少，连北海道乡下的，也已经分男女。

出发前，黎明在屋顶上露天的池中再浸一次，池子旁边竖着木牌和小网，由老板娘以美丽的书法写着：“泉水的舒适，昆虫飞蛾也迷恋，如果跌进池中，请心灵优秀的客人捞起，救它一命。”

食物还是那么丰富，皆为山中的野菜和溪里的活鱼，团友酒醉饭饱，问我说：“老板娘和朱茵，你选哪一个？”

我笑着：“当然是老板娘，朱茵说婚前不许有性行为，老板娘应该不反对吧？”

大胃王

在札幌视察酒店，我们经常入住Park Hotel，为求变化，换换环境，找到Sapporo Marriot。

大堂中，有一个人叫我的名字，转头一看，是我从前用过的助手，见他穿得不整齐，半开玩笑地说：“现在干什么，还是那么寒酸？”

他尴尬地笑笑：“别小看我了，我也是当今出名的电视制作人之一。”

“什么节目？”我问。

“《挑战大胃王》。”他回答，“听说北海道也出现了一个新秀，专程来选卒。”

“我请过小林尊到香港做宣传，他在12分钟内吃了100个叉烧包。”

“他只是其中之一罢了，现在我们已有第三代、第四代的大胃王。”

“都是怎么样的人物？”我问。

“男的有白石巨人、新秀西川和去年的冠军山本。女的有野女曾根、去年冠军藤堂和自称有两个胃的岩田。”他说。

“节目是怎么做的？”

“自从《料理的铁人》结束后，我们一直找一个代替它的饮食节目，每个台都推出不少，但是都不像《料理的铁人》那么精彩，研究之后发现不比赛，是不剧烈的，所以做了这个全国大胃王的节目，分男女两组，同时进行。”

“人选是怎么挑出来的？”

“从几百个参赛者中选拔，最低的水准是在半小时内吞下3公斤的食物。”

“有没有规定吃些什么？”

“热狗、汉堡等已经不稀奇，拉面和寿司也做得多，现在我们比赛的是有什么吃什么，刚刚播出的节目是吃面包，一条条大的方形面包，有香港茶餐厅中吃的那么大，看参赛者能吞多少条。”

“会不会搞出人命来？”我问。

“他们都是经过训练的，已经不是业余人士，能吃多少，全有分寸。但是以防万一，我们电视台还是买了重保险，怕他们的胃爆开。”

“这些大胃王，都是胖子吗？”我问。

“不，不。我们得到一个结论是，胖子总给瘦子打下来，只有其中一个有点巨人症，手脚很粗大，食量特别厉害，30大碗拉面一下子吃光。”

“那个自称有两个胃的女人，又是什么来头？”

“她很奇怪，吃东西之前用腰带绑着肚子，和其他参赛者同时吃东西，其他人速度愈吃愈慢时，她在最后那几分钟解开腰带，即刻很快地再追多几碗。”

“这次比赛吃面包，谁是冠军？”

“新秀西川吃赢了上届冠军，也把那个白石巨人打倒，他的样子瘦瘦的，怎么看也看不出肚子里面可以装进9条大面包。”

“女的呢？”

“‘野女’曾根胜出，她和西川同样吃9条，但是多吃了1公斤的果酱，本来应该她得冠军的，不过我们比赛的规矩是果酱不算，只算面包，所以只得第二名。”

“她又是怎么训练出来的？”

“这个号称‘野女’的人，很虚心。她访问过很多从前的大胃王，向他们拜师，大家看她态度诚恳，都肯教她。”

“柔道、空手道，都有训练场。大胃王有没有训练场的？”我问。

“当然有啦，餐厅为了博宣传，就免费给他们吃东西，训练的过程我们派人拍下来，就算被大胃王吃几十碗拉面，当宣传费也是值得的呀。可惜这种节目不必评判，不然就请你来做。”

“谢了，”我说，“下次我们在香港举办这种活动，你介绍几个女的给我就行，她们样子还可以吧？”

“你这句问得多余。”制作人幽了我一默，“漂亮的女人，哪里会去做这种傻事？”

日本老婆

从前有三种东西最好。

一是美国的美金。二是英国的屋子。三是日本的老婆。

当今这三样已无太大用处，欧元和日币把美金打得扁扁的；英国屋子虽耐看，但年老失修，现在要请工人不容易；而娶日本女人当老婆，多数以离婚收场。

旧印象中，日本女人都是服从性强的。从小，父母亲和社会，都要求她们有礼貌，什么“谢谢”和Sumimasen挂在嘴边，鞠躬也鞠个不停，但是她们心中有无谢意，你是不知道的。

女人分三大类：教养好的、个性善良的，还有一种，是看到父母的悲剧，性本恶的。夹在中间，还有毫无个性的，蠢得要死的。

认为这三种女人都很有礼貌，你就受骗了。第一种女人好学，书看得多，受西方影响，认为应该有主见。受了丈夫的气，她们也不会出声，一切强忍，到了一天，爆发了，一声不响，离你而去。

第二种女人总作小鸟依人状，后来就要骑在男人头上，

早上遇到亲家奶奶，也不会说一声“早安”。

第三种女人好吃懒做，男人叫一声，她们做一事，整天想着买一个哈马士的手袋，为了它，三级片也照拍。

经济泡沫一爆裂，公司的交际费缩减，男人不能每晚和客户应酬，回家吃饭，本来双方见面不多，婚姻容易维持。这下可好，除了洗衣烫衣和做其他家务之外，还得烧菜！那个丈夫，吃完饭后看电视，不然倒头就睡，有什么情趣可言？

日本女人已不是好老婆，这是日本男人造成，也是整个老化了的社会促成的。当今的妻子，就算她们不和你离婚，也不愿意生孩子，明显的现象，是死的人比生的多，人口的增长率是零，毛病可大了。

千猫主人

在东京街头散步，闻到一阵异味。

并不是汗臭，也非什么污秽造成，这股味道似曾相识，强烈得很。对了，是股猫味。

正想转头去看的时候，已发觉有人拍我肩膀。

“蔡澜，您好。”对方说。

停下来，我认出他。

是个叫田中的人。记得他一生热爱电影，前来求职时才刚大学毕业，说什么事都肯干，给了他一份当跑腿的杂工。导演要在草丛中看到云雾，他双手各抓几个烟筒，东奔西跑。镜头拍完，才发现手已被烫得起泡。

又有一次拍瀑布，他做男主角的替身，站在瀑布下被水冲。摄影机出了毛病，田中还是站着动也不动。几小时下来，整个人僵了。

我们看在眼里，爱他爱得要死。

田中一身流浪汉装束，我冲口问道：“怎么会搞到这个地步？”

长叹一声，田中说：“你们走后，我也干了几年电影，升到副导演工作，但是你知道啦，日本电影没落，好几年没有工开，结果逼得自己去当的士司机。”

“驾的士也自由自在呀。”我说。

“唔。”田中继续，“也遇到个女的，和她结了婚，生了一个女儿。驾的士的收入不够，她在新宿当吧女帮补，后来连女儿和我都不要，跟了个黑社会人物跑了。”

“常有的故事，你女儿呢？”我问。

“放在我乡下的母亲那里寄养。”

“你自己住哪里？”

田中说：“我没有家，住在玉川河的河边。事情是这样的，我老婆买过一只小猫给我女儿当宠物。她离家出走后，我赶着回家把女儿安顿，锁上门，返东京公寓的时候，那只猫已经饿死。”

“啊！”我喊了出来。

“养了那么久的猫，也有感情。那个公寓的家哪有地方葬？我抱着尸体跑到玉川河边，想给它做个坟，在那里我看到很多野猫，至少有1000只，都可爱得很。就决定用些木板建间小屋，我们干电影的，布景也搭过，什么都会。从此住在河边，至少有那1000只猫来陪伴。”田中一口气说。

“哪来的那么多野猫？”我问。

“您知道整个东京有多少只吗？保护动物协会的统计有100多万只。为猫节育的手术非常之贵，大家都付不起。”

田中说，“要阉一只猫至少得花2.5万円。”

我心算一下，合1500多块港币。

“猫一到思春期，就往外跑，这是它们的天性，要禁也禁不住。生了一窝小猫之后，公寓亦养不了那么多，做父母的就拿去丢掉了。”田中说。

“那些野猫吃些什么活下去？”

“有什么吃什么。河里的鱼，草丛中的鸟。但这些食物也因污染，少之又少，野猫都很瘦。我看了哭个不停，尽量白天出来拾些饭盒剩菜回去养它们。”田中差点又掉眼泪。

“问题愈来愈严重。”我叹气。

田中沮丧地：“保护动物协会派人抓野猫，抓回来没人领养的话，还不照样要人道毁灭？我想起我的女儿，住在她祖母那里，没有人好好看管，长大后跟坏同学一起喝酒吸毒，不如也让她早点睡觉好一点。”

“喝，”我大骂他，“你们日本人迷恋死亡的这种想法，其实是最残忍的，小孩子给你生下来，不是他们自己愿意，但至少他们有活下去的权利，你算得了什么？你以为你是保护人类协会的会长？要人道毁灭就人道毁灭吗？真是白痴一个！”

田中叫道：“看看有什么办法解决问题？”

老实说，我也哑了。

“猫来依偎你的感觉，美妙得很，尤其是它们伸长了颈项，要你抓底下的毛的时候。”我静默了一会后说。

“对，对。”田中说，“我最中意看它们自己舔自己的毛，就算是流浪猫，也要把自己弄得干干净净。我向它们学习，每天跳进河里洗澡。”

“它们虽然很瘦，但是抓抓鱼、抓抓鸟，也能活下去呀！活下去，才是最重要的。要死，也要快乐过，才有资格去死。”我说，“你们认为的死，并不快乐。”

“您认为那些野猫快乐吗？”田中又起疑问。

“猫没有表情，整天瞪大了眼睛望着你，看不出它们快不快乐。”我说，“不过当它们活泼地跳来跳去抓这抓那的时候，是充满生命力，是快乐的一种表现吧。”

“但是我能快乐吗？”田中还是搞不清，“我一生一无所有。”

“你有女儿，也有猫呀！”我说，“1000只猫，你是千猫主人。谁能做到？”

“好个千猫主人！”田中自豪地说。

“别太骄傲。”我说，“是它们愿意叫你当主人的时候，你才是主人。”

千猫主人终于笑了，笑得非常灿烂。走远。

老人与猫

岛耕二先生在日本影坛占着一席很重要的位子，大映公司的许多巨片都是由他导演，买到香港来上映的有《金色夜叉》和《相逢有乐町》等，相信老一辈的影迷会记得。

出身是位演员、样子英俊、身材魁梧、当年6英尺高的日本人不多。

我和岛耕二先生认识，是因为请他编导一部我监制的戏，谈剧本时，常到他家里去。

从车站下车，徒步15分钟方能抵达，在农田中的一间小屋，有个大花园。

一走进家里，我看到一群花猫。

年轻的我，并不爱动物，被那些猫包围着，有点恐怖的感觉。

岛耕二先生抱起一只，轻轻抚摸："都是流浪猫，我不喜欢那些富贵的波斯猫。"

"怎么一养就养那么多？"我问。

"一只只来，一只只去。"他说，"我并没有养，只是拿东西给它们吃。我是主人，它们是客人。'养'字，太伟大，是它们来陪我罢了。"

我们一面谈工作，一面喝酒，岛耕二先生喝的是最便宜的威士忌Suntory Red，两瓶份一共有1.5升的那种，才卖500円，他说宁愿把钱省下去买猫粮。喝呀喝呀，很快地就把那一大瓶东西干得精光。

又吃了很多岛耕二先生做的下酒小菜，肚子一饱昏昏欲睡，就躺在榻榻米上，常有腾云驾雾的美梦出现，醒来发觉是那群猫儿用尾巴在我脸上轻轻地扫。

也许我浪费纸张的习惯，是由岛耕二先生那里学回来的。当年面纸还是奢侈品，只有女人化妆时才肯花钱去买，但是岛耕二先生家里总是这里一盒那里一盒的，随时抽几张来用。他最喜欢为猫儿擦眼睛，一见到它们眼角不清洁就向我说："猫爱干净，身上的毛用舌头去舔，有时也用爪洗脸，但是眼缝擦不到，只有由我代劳了。"

后来，到岛耕二先生家里，成为每周的娱乐。之前我会带着女朋友到百货公司买一大堆菜料，两人捧着上门，用同一种鱼或肉，举行料理比赛，岛耕二先生做日本菜，我做中国的。最后由女朋友当评判，我较有胜出的机会，女朋友是我的嘛。

我们一起合作了三部电影，最后两部是在星马出外景。遇到制作上的困难，岛耕二先生的袖中总有用不完的妙计，抽出来一件件发挥，为我这个经验不足的监制解决问题。

半夜，岛耕二先生躲在旅馆房中分镜头，推敲至天明。当年他已有60多岁。辛苦了老人家，但是我并不懂得去痛

惜，不知道健壮的他，身体已渐差。

岛耕二先生从前的太太是大明星大美人的轰夕起子，后来的情妇也是年轻美貌的，但到了晚年，却和一位面貌平凡、开裁缝店的中年妇人结了婚。

羽毛丰满的我，已不能局限于日本，飞到世界各地去监制制作费更大的电影，不和岛耕二先生见面已久。

逝世的消息传来。

我不能放弃一班工作人员去奔丧，第一个反应并没想到他悲伤的妻子，反而是："那群猫怎么办？"

回到香港，见办公室桌面有一封他太太的信。

……他一直告诉我，来陪他的猫之中，您最有个性，是他最爱的一只。

（啊，原来我在岛耕二先生眼里是一只猫！）

他说过有一次在槟城拍戏时，三更半夜您和几个工作人员跳进海中游水，身体沾着飘浮着的磷质，像会发光的鱼。他看了好想和你们一起去游，但是他印象中的日本海水，连夏天也是冰凉的。身体不好，不敢和你们去。想不到你不管三七二十一地拉他下海，浸了才知道水是温暖的。那一次，是他晚年中最愉快的一个经历。

逝世之前，NHK派了一队工作人员来为他拍了一部纪录片，题名为《老人与猫》，在此同时寄上。

我知道您一定会问主人死后，那群猫儿由谁来养？因为我是不喜欢猫的。

请您放心。

拜您所赐，最后那3部电影的片酬，令我们有足够的钱去把房子重建，改为一座两层楼的公寓，有8个房间出租给人。

在我们家附近有所女子音乐学院，房客都是爱音乐的少女。有时她们的家用还没寄来，就到厨房找东西吃，和那群猫一样。

吃完饭，大家拿了乐器在客厅中合奏。古典的居多，但也有爵士，甚至于披头士的流行曲。

岛先生死了，大家伤心之余，把猫儿分开拿回自己房间收留，活得很好……

读完信，禁不住滴下了眼泪。那盒录影带我至今未动，知道看了一定哭得崩溃。

今天搬家，又搬出录影带来。

硬起心放进机器，荧光幕上出现了老人，抱着猫儿，为它清眼角，我眼睛又湿，谁来替我擦干？

老浪人

日本是一个有很多老人的地方。今年的人口调查表上，显示60岁以上的有1060万。这个数目还一直在增加。

两人辛辛苦苦养育的儿女，多不会和他们住在一起。与父母见面，大概只有过年过节，或者需要免费佣人的时候。

因为日本的公积金、退休金和健康保险福利完善，而且有种种简易的储蓄制度，所以老人栖身之地是没有问题的，但是到底在通货膨胀之下，生活并非充裕。

全国有许多给老人去的公园、庙宇和神社，以及各种剧院等，行动不便的他们，日子还是在家中度过。对于老，已经做好准备。女人多是插花、茶道、古筝，更实用的是腌腌梅子酒、泡泡萝卜干。男人读书、下棋、看电视。国家电视台有许多让老人欣赏的节目。

认识一个守寡的老太太，儿女不相往来。她一个人没有生病，也是每一天换一家医院受诊。东京有好几百家，她已经轮流去了9年。她寂寞。

猫老人

岛耕二先生今年已经80岁。

《金色夜叉》、《相逢有乐町》等名片，都是他导演的。年轻时，身材高大，样子英俊，曾主演过多部电影。他一生爱动物，尤其是猫，家中长年养七八只，现在年事已高，失去昔日之潇洒，样子越来越像猫。

在东京星期日不能办公事，便向我从前的女秘书说，不如到岛先生家坐坐。她赞成，不过，她说，可不能穿好的衣服，不然全身将被猫毛黏满。我笑称早已知道，你没有看到我穿的是牛仔裤？

他家离市中心很远，从火车站下来，经一段熟悉的路，抵达时，见其旧居已焕然一新，改成两层。走上楼梯，岛先生开门相迎，我们紧紧拥抱。

一见面，第一件事当然是喝酒。他喜欢的是一种价钱最便宜的威士忌，樽子有日本清酒那么大，我们两人曾干过无数瓶。

下酒菜是他亲自做的煎豆腐渣，他将这种喂动物吃的东西加工，以虾米、葱、芹菜、肉碎等微火煎之，去水分，一

做要两三个钟头，他说，时间，对他已没有以前那么重要。

猫儿们参加一份。大块一点的肉类，他一定先咬烂后才喂，猫一只只轮流来吃，毫不争吵。目前住在他家里的共有六只，加上另外两只在吃饭时间才出现，它们是不肯驯服的野猫。

看到的都是土生的，岛先生说过他最不爱名种猫，它们娇生惯养，毫无灵气，一点都不得人欢心。

我伸手去摸其中一只花猫，它忽然跳起来假装要咬我，我放开手，它又走近依偎着我。

“这一只名叫‘神经病’，不要怕，它不会咬人，反而是最容易亲近新朋友。”岛先生说，“我拍电影，钱已经没以前多，把这个家改成两层，下面租给女学生们住，多数

是学音乐的，她们最喜欢上来抱‘神经病’。”另一只步伐蹒跚的白猫走了过来，往他怀中钻，他说：“阿七已经10岁了，照猫的年龄，和我一样老。年龄真是一件奇怪的事，20年前你20岁，我大你两倍，20年后，我只不过大你一半罢了。”

又有两只走过。他说那是同一个母亲生的，但颜色不一样，叫黄豆和黑豆。

“爷爷，爷爷。”一个年轻的女房客不敲门地走进来。岛先生笑骂道：“不老也给你叫老了。”女房客一个箭步跳上前抱着他，问道：“今天有什么东西吃？”

“她叫阿花。”岛先生向我解释，“学钢琴的，每天早上给她吵死了。”

说完拍拍阿花的头，说：“今天不行，留给客人吃，好不好？”

阿花“唔”的一声，点点头走下楼去。

“她们常跑来把我辛辛苦苦做的下酒菜都蹭光了。”岛先生说。

“那怎么行？至少也要剩点给自己。”我说。

他笑着摇摇头：“对猫，我已经不留了；对人，我怎么忍心？”

这时，又有只巨大的黑白猫走来，乘岛先生去拿冰块的时候，一屁股坐在他的座位上。岛先生回来一看，说："它有10公斤重，叫'蒙古人'。"

说完便坐在"蒙古人"旁边，抽出柔软的面纸为它擦干净眼角。

倒抓它颈项的毛，它舒服地闭起眼睛。"'蒙古人'真可怜，"他说，"来我家的时候，已经被它以前的主人去势了（"去势"即"阉割"——编者注）。"

我看到"蒙古人"的两粒睾丸，正要问岛先生去势了的猫为什么还有那两团时，他说："讲个猫笑话给你听吧，我有一千零一个猫笑话。"我们拍手称好。

"从前有一个大把钱的寡妇很喜欢猫，家里养了十几只。但是她还是感到很寂寞。一天，阿拉丁神灯的巨人给她3个愿望，她的3个愿望都是要把这十几只猫变成英俊的男人。'啵'的一声，果然灵验。寡妇马上张开她的腿，但是，这十几个美男子异口同声地说：'你忘记了吗？我们都被你去势了。'"

他说后，大家大笑，岛先生摸摸"蒙古人"的头，对我说："猫儿们要是坐在我的椅子上，我绝对让它们一直坐下去，如果是我的老婆这么放肆，早就被我赶跑！"

流泪的法官

一向喜欢读法庭里裁判有趣案子的报道。近日接家父来信，提及多年前在日本的的士司机猥亵嫌疑事件，不知你喜不喜欢听听？

有位勤劳的出租车司机，在经济不振的当年，怎么拼命载客，也不过仅仅糊口，因为除了老婆之外，还有一群儿女要养。

全家人只能租一间四迭半的小房间，一共才81平方英尺那么大。厕所在走廊与他人共享，入浴要老远地跑到公众澡堂子。

洗完身子回家，夫妻双眼接触。但是，看那群小鬼还在温习功课，只好痴痴地等。终于一个个入寐，最小的儿子还要看连环画，老子急了大喝一声，儿子白了父母一眼。

母亲把灯关上，黑暗中传来窸窸窣窣的声响，小儿子明知故问："你们这么吵，我怎么睡觉？"

结果又白白地无事过了一夜。

几个晚上发生了同样的事。过了数日，老子的眼中已发出红光，叫老婆起身，两人乘自己的的士去游车河。

到郊外，车子一停，急不可待地宽衣解带，正要行周公之礼时，一道强烈的光线照入，把他们吓个要死，警察们围上，告他们在公众场所做淫秽行为。

在法庭，戴老花眼镜的法官高高上坐，问的士司机道：“对方是你的什么人？女朋友？情妇？还是妓女？”

“不，不，法官大人，那是我的老婆。”我们的主角回答。

“咦？”法官翘起一边眉毛。

“请听我细诉！”的士司机说。他原原本本地把生活之苦描述。

他一面说一面流泪，老法官听了，也拿出手帕来擦鼻子。陈述完毕，流泪的法官把警察的报告重读一遍。检控官声色俱厉地：“请求法官大人将这对狗男女定罪。”

老法官说：“住口！性行为还没有发生。夫妇互相看看罢了！无罪释放！”

追债老头

在东京的小寿司店里，和隔壁的一个60岁的老头聊起天来。问他干些什么，他回答说是职业追债人。

日本的许多财务公司很轻易地便把钱借给人，只要有固定的职业和薪水，就可以随时向它们领到现金。对于利息，财务公司有一套你永远不懂的计算方法，反正头头是道，怎么讲也讲不过它们。一下子，你要还的利息变成原来借的一倍、两倍、三倍，一辈子也还不清。

钱还不出，财务公司有一千零一个办法逼你，结果许多人最后忽然失踪，被追得疯掉，还有的一家自杀了。虽然如此，日本借钱的人不断，打开报纸，差不多每天都有被害者出现的新闻。

这老头子便是财务公司的道具之一，他的工作是看谁不还钱，便搬到谁的家里去住。

“那他们不会报警抓你吗？”我问道。

他说：“当然会啦，我们去逼的是那些个性比较软弱的，他们自己知道理亏，又经过我恐吓一下，便不敢去找警察。那些个性强的，我们有另外一套去对付。”

“你住在人家的地方，每天干些什么？”我又追问。

“什么也不做，看看报纸啦，还好有个电视机，不然便闷死。选的当然是我自己要看的节目，他们不敢出声。而且，一天还要叫他们做三餐给我吃。”

他洋洋得意地说：“我的老板对我也不错，前天还买了一大包水果来看我，我叫他们拿酒来招待老板，他们好像不大愿意，老板又联合我吓吓他们啦，结果不但有酒，还有寿司送呢！”

“你总有一天会闯祸的。”我说。

他点点头：“已经闯过啦，有一次逼得他们厉害，结果他们逃掉，邻居看他们可怜报了警，我给抓进去，关了6个月才释放出来，不过，有吃有住，也不错啦。”

“这么缺德的事，怎么做得了？”我问。

“有什么办法，我自己也是因为向财务公司借了钱，还不了才这么做的。”他答道。

挑战者

到东京去参加一个烧菜的比赛节目，当评判。

日本人很热衷搞这一类的电视节目，非常受观众欢迎，每周有四五个定期的，每次都1小时，最长寿的还一做做了6年。

由电视台选出3个大师傅，分日本菜、法国菜和中国菜，称之为“铁人”，再让其他著名的餐厅的总厨前来比试，称之为“挑战者”。主题的材料，是鱼或肉，双方事前都不知道。

“这次的挑战者你一定会喜欢。”编导遇到我时，笑嘻嘻地向我说。

“身怀绝技？”我问。

对方摇头。

“是个美女？”这次错不了吧。

对方还是摇头：“别心急。”

有什么大师傅没见过呢？作什么神秘状？

音乐大响，3个铁人由舞台下升起，此边厢，烟雾之中出现了挑战者。

一看，是位清秀得不得了的尼姑，30左右。

节目主持人把布掀开，露出此回比赛的主题材料，是腐

竹，虽说很公平，但也事前安排好，不然出现的是肉，怎么下场？不过，日本僧尼，并不斋戒，会烧肉也不出奇。

挑战者由3个铁人之中选一位来决斗，她挑选了做日本菜的铁人，细声说：“我做的也是日本料理，如果选法式或中式，就难见高下。”

要在1个小时之内，各做几道菜让3名评判员吃，铁人抢先一步，踏上舞台拿了很多腐竹，挑战者则一动不动，先把矿泉水倒入大锅中滚。

不只观众好奇，连我们当评判的都想知道她的葫芦里卖的是什么药。讲解的司仪拿着麦克风去访问她，挑战者说：“腐竹要新鲜的才好吃。”

说完把大豆放进搅拌机磨浆，用个两层的锅，下面的锅烧开水，上面的放滚开了的豆浆蒸着。

才那么短短的1小时，来得及做出腐皮来吗？我们都替她担心。

铁人已将腐竹用水浸开，加鱼子酱、鹅肝酱和法国黑菌，又煎又煮又炒，手法娴熟地准备了五道菜。

那边挑战者拿了松茸在小灰炉上烤，清香味传来，她细心地用手把松茸撕成细丝。

时间愈来愈紧迫，铁人气喘如牛，加上不断地试食热菜，上身汗水湿透。

挑战者从容地按部就班，食物不沾唇已知味觉，头上不见一滴汗珠，道袍不染菜汁。

豆浆表面冷却后凝成一层层的腐皮，她用绿竹签挑起，有些就那么抛入冰水中。其他配料已经准备完毕，就等这最后的过程。

“叮”的一声，1小时很快地过去，双方停手。

轮到我们评判登场，摆在桌上的菜，铁人做了五道，挑战者只有三味，加碗饭，一小碟泡菜。

铁人的腐竹有了鱼子酱等高贵的材料搭配，色香味俱全，的确精彩绝伦，评判都觉得满意。

至于挑战者，第一道是前菜，只见碟中一堆腐竹，试起来香味扑鼻。原来是将鲜腐皮切开，和撕开的松茸掺在一起，颜色略同，看不出其中奥妙，吃了才知。

第二道是将鲜腐皮炖了，加入乳酪和荷兰豆及红萝卜丝，甜味来自香菇汁。

第三道是清汤，用大量的黄豆熬好当汤底，漂着炸过的鲜腐竹，上桌前摘菜心的小黄花点缀。漆器的碗本来应该是黑色的，但碗底再铺上一层腐皮，像件瓷器。

白饭炆成之前用荷叶当锅盖，呈翡翠色，掺着的黄色饭，原来是用鲜腐皮搓成的米粒；泡菜是高贵的紫色，是用茄子汁染的切片腐皮卷，淋上柚汁。

味道清淡之中，变化无穷。

评分表上，我给挑战者满分。

结果发表，铁人赢了，他兴奋地举起双手答谢观众的掌声，挑战者保持笑容。

事后，我在休息室的走廊抽烟，挑战者迎面而来，轻声地向我说：“谢谢你，只有你帮了我。”

“做僧尼的，不应注重胜败。你为什么来参加这种比赛？”我见她外表脱俗，可以直问。

“这个节目本来就是一场游戏，你的分数公正，但其他两位日本评判是常客，如果铁人每次都被打败，节目怎么做得下去？我早就有心理准备，来玩玩罢了。”

“尼姑也可以抛头露面？”我问。

“我们日本的佛教教条比较入世，不会被人骂的。”她解释，“尼姑也是人，偶尔玩一下，不伤大雅。”

“为什么你会剃度？”我又问。

挑战者惨淡地微笑：“我们的寺院庵堂，住持都是世袭的，僧尼也可以结婚生子。我哥哥怎么能主持庵堂？只剩下我，唯有这条路可走。走一走后也清净可喜。我从小对烹调有兴趣，就在庵堂开了一家素菜馆。”

“那你有伴侣吗？”我想问她有没有丈夫，但还是选择了这字眼恰当。

“有些事，不做比做好；有些问题，不答比答好。烦恼减到最少，最好。”她双手合十。

我目送她的背影走远。

为了一粒[1]芒果

友人徐胜鹤拿了一本我谈旅行的书，要我签名送给一个日本女人。

“干什么的？”我问。

胜鹤兄说：“是一个从前在免税店做事的朋友，也当过我公司的导游。30年前，她从横滨乘船出国，当年有两条法国邮轮，‘越南’号和‘柬埔寨’号穿梭东南亚。”

“我记得。”我说，“我也是从香港乘‘越南’号经神户到东京的。”

“她反方向地从日本出发，本来准备经新加坡、西贡再到法国马赛的。船到了香港，停在海运码头3天，她下船到弥敦道上的金冠酒楼去吃了一顿饭，即刻对中国的美食发生兴趣。饭后散步到加连威老道的水果摊，看到一粒大芒果，从来没有见过，便掏出一堆钞票给卖水果的阿婆选出几张。阿婆见她信得过人，教她怎么剥皮吃芒果。这一下子可好，她大喊天下竟有如此的美味！就那么弃船，连法国也不去了，住在香港，一住就住了30年。”胜鹤兄一口气地将整件

注释①：一“粒”芒果为香港人惯用的粤语方言说法，即一“个”芒果，全文同。

事告诉我。

对这个女人大感兴趣，请胜鹤兄约她星期五在尖东的东海酒楼饮茶。

一位端庄贤淑的太太准时出现，自我介绍后坐下。

我开门见山地问："30年前日本人出国的并不多，你怎么会单身去旅行的？"

"因为失恋。"她斩钉截铁地回答得清清楚楚，"我爱了他那么多年，怎么想到他拒绝了我，真是一个很大的打击。"

"为什么选择法国？"

"当年日本人都羡慕法国人的浪漫，一提到旅行，第一想到的就是巴黎。"她解释。

食物开始上桌，我请客，叫了很多东西，当然有虾饺、烧卖、排骨、腊味饭和例汤等等。

见她将凤爪细嚼，鸭舌头也吃得津津有味。看人家吃东西，真开心。

"在日本哪有这么多东西吃？"她说，"一个面豉汤，下点豆腐或者蚬仔，已经算是很丰富的了，我到现在还是不明白他们为什么把面豉汤当宝。"

"自己会做菜吗？"我问。

"岂止做菜，我还会煲汤呢。"她自豪地说，"用响螺头，煲杞子淮山，加只老鸡，不知道多甜！那些汤渣我本来都吃光的，但是我老公家人说只要喝汤就行，响螺头肉切成小片去喂猫，多可惜！”

“你很例外，有些日本人什么都不敢吃，鸡脚鸭舌，他们认为是下等物。”我说。

“那是因为他们又穷又自卑。”她说，“人一穷，只吃几样东西，其他的没机会试，当然不敢吃，就轻视吃的人，那是自卑感变成自大狂。”

“你多吃点。”我夹菜给她。

“日本男人哪肯这么做。”她道谢后说，“女人也好不到哪里，省吃俭用，买皮包就一点也不吝啬，不是Chanel就是LV，门面功夫做得十足。”

“最近有没有回去过？”

“上几个月去了一趟，也没有听到亲戚朋友们提起吃一顿便饭。谁稀罕那些吃来吃去都是那几样东西的日本菜呢？”她愈讲愈生气，“我住了3天就想回来，到最后还是我老公劝我多留一个礼拜。”

“什么国家，都有一些好人、一些坏人吧？”我说。

“是的，也有一些好人，不过一般人都很假。拼命鞠躬，都不是出自真心真意。”日本人说日本人坏话，说个不停，真是个活宝。

“先生呢？”我问，“是广东人？”

“唔，当然不嫁日本人。”她说，“其实也不是正式的

老公，同居罢了，单身女人来到香港，要留下也不容易，后来经朋友介绍，和一个香港人假结婚，离婚手续办了3年，烦都烦死我了，还结什么婚呢？现在这个男人有子女，我当他们是自己生的，还帮忙抱孙呢。”

“几十年一下子过去，真快。”我也感叹。

“真快。”她说，“想到那粒芒果，像昨天的事，金冠酒楼的菜真不错，现在的厨房做不出了。那家餐厅还铺了地毯，日本平民化的地方哪有那么好的装修。还有经过海防道，当年有一排排的大排档，看到客人坐在长凳上的小椅上，怎么不会跌下来？我也挤上去吃。苦力们看到一个年轻女人肯和他们一齐吃，也都来和我聊天，那种感觉，真好。”

看她现在的样子，可见当年也是一个大美人。我问：“人生走了这么一大段路，最好的是什么？”

“最好的肯定是旅行。”她回答，“我最爱看的就是你的旅行节目。”

“那个抛弃你的男人，还有没有见过？”我问。

她笑了：“来了香港几年后，我专程回过日本一趟，约他出来喝杯咖啡，我看到他的领带打的结上面有油渍，他穿的鞋子，鞋跟磨掉了一边。我高兴得叫了出来，幸好没有嫁给他！要是我不出来旅行，我就永远看不出他的缺点，也永远看不到自己的缺点，你说旅行有多好！”

仙人掌女人

看了这标题，以为我又要写墨西哥，其实今天谈的，是日本女人。

刚到东京公干，在旅馆check out时，前来提行李的不是bellboy，来了一个bellgirl。二十来岁的女子，样子还好看，我顺手帮她拿一件。

“你这样绅士风度的男人，日本不多。”她说。

“怎么弄到这个地步？”我边走边打趣。

她知道我在说什么工作不好做，要做粗重的。

“唉。”她叹了一口气，“日本的经济气球一爆裂，大企业一下子炒了几千人的鱿鱼，现在每个人都在找事做。”

“像你这样的，至少可以去做空姐呀。”我看着她的身材说。

“试过啦，几个月前香港的一家航空公司请20多个人，应征的4000多名，轮不到我。”

“你们家里都还是有钱的呀。”

“有。”她无奈地说，“从前还一直让我乘商务位到香港去买名牌，现在爸爸妈妈说要节省一点，我不想他们烦，

搬出来自己一个人住，只好找工作帮补帮补。”

“像你这样的女孩子很多？”

“唔。”她说，“但是没有我那么好运气找到这家出名的酒店做。有些干脆跑到国外求职，我有好几个同学到了香港，她们打电话来说那边的日本女子至少有几百个，也不是人人都找到事做。”

已经走到酒店门口，我等友人来接我到机场，但因塞车吧，还没到。

那个bellgirl又走出来。

“你不介意我和你聊几句吧？”她说。

“我正嫌闷呢。”我回答，“介意的应该是你的上司。”

“我反正不想在这里一生一世，没关系。”

“从前的人，不会老跳槽的。”

“从前，从前，为什么你们一直想从前的事？现在的日本不同了，我就是和从前的女人不同。”

看着穿了制服的她，我问：“你和从前的女人有什么不同？”

“我，”她骄傲地说，“我是一个仙人掌女人。”

“什么？什么女人？”我以为听错。

“仙人掌女人，Saboten onna！”她确认。

“什么是仙人掌女人？”

“您知道啦，仙人掌是不用靠水活的。”

“这和做女人有什么关系？”

“我们这种女人在东京多的是，我们是不碰水的，所以我们这群女人，自称为‘仙人掌女人’。”

“哈哈，”我笑了出来，“总要洗脸刷牙吧？”

她娓娓道来：“洗脸可以用化妆膏，然后用纸巾擦干；牙何必刷？嚼香口胶就是。”

“那么你们不用烧菜？不用洗碗洗碟？”

“现代的女人哪会烧菜？”她说，“我家里连切菜肉的刀子也没有。我们要吃东西就到百货公司去买，或者去附近的便利店搞掂。东西都是用塑胶杯碗盛着，吃完丢掉就是，还去洗？”

“总有一些大块的肉，像鸡、鸭，也有高丽菜等等，不能不用刀子切呀。”

“我家只有一把剪刀，什么东西都用它来剪，刀子我不会用，割伤了怎么办？我的同学们也不会用刀子。”她说。

“那么仙人掌女人连水也不喝？”

“说不喝水是假的。但是我们的确不喝水，喝的只是罐头茶，才会减肥呀。”

我想问她到底洗不洗澡，但是这问题太唐突，换了一个

方式："那么你们也不会洗衣服啦？"

"要自己洗衣服的话，发明洗衣机来干什么？"她理所当然地，"不过，我们也不必洗衣服，反正现在的牛仔裤也不容易脏呀！"

我有点听不顺耳了，提高音调说："那么内衣内裤呢？不像牛仔裤那么不容易脏吧？"

她听到我问得有点露骨，也不介意，坦白地说："我们也不知道会不会再见面，说给您听也不要紧，内裤也可以不用换，贴上纸棉，每天换一张就是。"

"吔！"我忍不住了，"那么你是不洗澡的？"

"洗呀！"她说，"一星期洗一次，总够吧？"

我单刀直入："和男人睡觉后也不洗？"

"唉，"她又叹一口气，"在东京这种大都市要找到一个看上眼的男人真难，还谈什么性生活呢？"

朋友的车终于来了，她替我把行李箱搬进车后备箱。

还是忍不住，向她说："最后一个问题，你不洗澡，身体没味道吗？"

她笑道："每天出门前，用肥皂在手臂上干擦几下，人家都以为我冲了凉才上班的。"

车子走远，仙人掌女人挥手目送，她大概会看到我再次地摇头。

小林尊

为了做宣传，在美食坊举行竞食比赛，参加者有6名，5个是香港的，还有一个来自日本东京，是日本的大胃王，叫小林尊。

这个人27岁，不是个胖子，样子还不丑，头发染成金色，眉毛剃得尖尖的，像一个偶像歌手，还带着经纪人兼保姆上阵。

比赛之前，我们坐下来聊："能吃那么多，天生的？"

他对我还算是恭恭敬敬："不，我们家里人都不是大吃的。"

"那是训练出来的？"

"绝对要训练，最初吃一碗饭，接着两碗、三碗、四碗那么吃出来的。"他说。

"你在纽约的热狗比赛，一连5年都是冠军，到底能吞多少只？"

"50多只，汉堡包我能吃60多。"

"汉堡不是比热狗还难吗？"

"不是快餐厅那种那么大。"他回答得很老实，"比热

狗容易。”

“这次比赛吃叉烧包，你有把握在12分钟内吃多少？”我问。

“没吃过，不知道。”

“为什么大吃会的比赛都定在12分钟呢？有没有原因？”

“也不明白最初是谁规定的，”他说，“后来的都跟着12分钟，没有什么医学根据。”

“你现在还有其他工作吗？”

“没有，全靠奖金过活了。”

“世界上有那么多的比赛，你到底怎么会知道在哪里举行？”

“互联网上有很多网站，我的经纪人替我找出来，我一个个去，今年的期已经排满了。”他说。

时间到了，工作人员来叫我们上场。

台上站着几位大汉，身材都比小林尊高大，个个都对自己的胃口很有信心。

轮到小林尊出场，他走出来，很有台风，已有许多女子尖叫，当他是明星。日本来的（不能称为影迷或歌迷，最多是“胃迷”吧），纷纷举起相机拍照，小林尊向众人举出“V”字形手打招呼，更惹得那帮疯狂女子高潮来到。台

上，工作人员摆了一笼笼的叉烧包，一笼10个，叠得很高。

后台播出强烈的迪士高音乐，我举起大鼓槌往铜锣上一敲，比赛开始。

小林尊用最快的速度，在1分钟内解决了一笼，在别人只吃到第三个时。

狂扫第二笼，小林尊一面吃一面摆动身体跟着音乐节奏跳舞，简直是一名经验老到的表演者。想起倪匡兄吃得太饱时也跳几下，说能快点消化，笑了出来。

第三笼很快吃光，我发现他是将叉烧包捏扁，令它们更容易吞下。开始喝水了，到了第四笼的时候，我在他后面问道：“喝了水，包不发胀吗？”

他没有因我打断注意力而分神：“不，反而容易让面粉皮软化。”

第五笼又吃完，别的参赛者放慢了速度，已有气喘的迹象，小林尊干掉了第六笼。

看时间，已过了6分钟，赛事的一半。第七笼开始，气氛愈来愈热烈，因为他充满信心，不会显出因为吃得太多而肚子爆裂的恐怖现象。

时间一秒一秒过，我发现他的平均速度是7秒钟吃下一个，原来这个人已经胸有成竹地把要吃多少个算好，8笼已经吃完。

别的人已经不太会动了，他已是赢定，但是没有停下来，像要打破自己的纪录。第九笼了，剩下两分钟，我拼命替他打气，现已经到了第98个、99个、100，完成。

他在12分钟内吃了100个叉烧包！

闪光灯照个不停，小林尊是优胜，数其他参赛者，最多吃到40多个而已。

我把大银杯和奖金支票交到他手上，各家电视台和报馆杂志的记者争先恐后发问，小林尊淡定地一一作答。

“肚皮有没有胀呀？”记者问。

小林尊大方地拉开T恤衫，露出大肚皮，众人惊叫时，他又收缩，展示6块腹肌，像健美先生一样。

他苦口婆心地向小朋友呼吁：“这是训练出来的，千万不可以学习。”

"你认为香港选手的表现怎样？"

小林尊很圆滑地说："我看他们都很有潜力，只是没有像我那样训练而已。"

"你比赛前有没有吃东西呢？"

"没有。"他回答得坚决，"饿了三天，做好准备。"

"那你平时一天吃多少餐？"

"6餐，每餐吃得不多。"小林尊说。

"吃了100个叉烧包，今晚还会吃吗？"

"香港是美食天堂，我本来已经吃不下了，但是还是忍不住要试试你们的海鲜。"

给小林尊那一顶高帽一戴，香港的记者都很满意地收工了。

记者招待会完毕后，小林尊再找我闲聊。

"辣的行不行？"我问，"下次请你来比赛担担面。"

"第一碗会辣坏，但是到了第二碗就感觉不到了，请你一定要请我。"

"记得到时要多吃木瓜，木瓜能解辣，不然后患无穷。"我劝告。

"一定听你的话。"小林尊说，"我们有共同的地方，我吃多，你吃巧，都是靠吃为生，做这一行真快乐。"

我同意。

东京小酒吧

这次在东京影展，区丁平导演的影片得了几个奖，日本合作公司的老板大宴客，吃完还带我们去一家小酒吧。

进门，妈妈生笑脸相迎，酒吧总少不了这些上了年纪的女人。好在，她身后是两位样子蛮漂亮的姑娘，二十年华，奇怪的是，长得一模一样。

“这是妈妈生的两个双生女儿。”合作公司的老板解释。

“亲生的？”我问。

“亲生的。”

好，一家人，由母亲带两个亲生女儿开酒吧，这倒是中国家庭罕见的。

妈妈生一杯杯地倒酒，两个女儿忙得团团乱转，食物一盘盘奉上，并非普通的鱿鱼丝或草饼之类，而是做得精美的正式下酒小菜，非常难得。

酒吧分柜台、客座和小舞池三个部分。舞池后有一个吉他手，双鬓华发。有了他的伴奏，这酒吧与一般的卡拉OK有别，而不是干瘪的电器音乐。

起初大家还只是正经地坐着喝酒谈论电影，妈妈生和两个女儿的知识很广，什么话题都搭得上，便从电影岔开，渐进诗歌小说音乐。老酒下肚，气氛更佳，再扯至男女灵欲上去，无所不谈。

两个女儿轮流失踪到柜台后。啊，又出现一碟热腾腾的清酒蒸鱼头。过了一会，再捧出一小碗一小碗的拉面。一人一口的分量，让客人暖胃。

“来呀，唱歌去。”妈妈生拉了梁家辉上台。

家辉歌喉虽然不如张学友，但胜在感情丰富，表情十足，陶醉在音乐之中。再加上吉他手配合曲子的快慢，唱完一首情歌，大家拍手。

“遇到唱得不好的，我们不要客气，一定要把他拉下来，不然自己找难受。”我向双生女的姐姐或者妹妹的其中一个说。她是主人，不能得罪客，有这个机会，当然举手赞成。

好在下一个庹宗华是个职业歌手，当然唱得不错。他来一首西班牙舞曲，大家拍掌伴奏。妈妈生跑进去拿了两个响葫芦让女儿们摇，两姐妹开始唱歌，声线好得不得了，专选难度最高的歌来唱，已是专业水准。

妈妈生又再拿出那些敲击乐器分给大家，女主角富田靖子得了大奖本来已很激动，现在更加疯狂地和区丁平跳着舞。

大家在兴高采烈时，妈妈生忙里偷闲，坐在角落的沙发上。

"你是怎么想到开这家酒吧的？"我问。

她开始了动人的故事："我们一家四口，本来过着平静的生活。我丈夫在银行做事，很少应酬，回家后替女儿补习功课。吃完饭，大家看电视，就那么一天天地，日子过得好快。忽然，有一晚他不回家，第二天影子也不见。我们三人到处打听，也找不到他的下落。后来接到警方通知，才知道他上过一次酒吧，就爱上了那个酒吧女，为了讨好她，最后连公款也亏空了，那女人当然不见他，他就人间蒸发。

"丑闻一见报，亲戚都不来往，连他的同事和朋友，本来常来家里坐的，也从此不上门。

"整整的一年，我们家没有一个客人。直到一天，门铃响了，打开门是邮差送挂号信来，我们母女三人兴奋到极点，拉他到餐桌上，把家里的酒都拿出来给他喝，我那两个女儿又拼命做菜，那晚邮差酒醉饭饱地回去，我们三人松懈了下来，度过了比新年更欢乐的时光。

"邮差后来和我们做了好朋友，他又把他的朋友带来，他的朋友再把他们的朋友带来，我们使尽办法也要让他们高高兴兴回家。

"没有老公和父亲的日子，原来不是那么辛苦的。

"朋友之中，有些也做酒水买卖的。你知道，我们日本人叫干酒吧的人为‘做水生意的人’。

“一天，我两个女儿向我说：‘妈妈，做水生意的女子，也不是个个都坏的。’

“我听了也点点头，女儿说：‘妈妈，靠积蓄也能坐吃山空呀。我们这么会招呼客人，为什么不去开家酒吧？’

“‘好，就这么决定。’我说。把剩下的老本，统统扔下去。你现在看到的，就是了。和我们自己家，没有两样。”

妈妈生一口气地说完，我很感动，问道：“那你这两个千金不念大学，不觉得可惜吗？”

“她们喜欢的是文科，理科才要念大学，文科嘛，来这里的客人都有些水准，向他们学的，比教授多，比教授有趣。”妈妈生笑着说，此话没错。

“那么他们的爸爸呢？有没有再见到？”

“有。”妈妈生说，“他回来求我原谅，我把在酒吧赚到的钱替他还了债。其实当时也不是亏空很多，是他胆小逃跑罢了。但是我向他说，有一个条件，那就是他一定要去找一个有一技之长的职业，能自己维生，再来找我。”

“他做到了吗？”

“做到了。”妈妈生说。

“那么他现在人在哪里？”我追问。

“那不就是他。”

妈妈生指着伴奏的吉他手。

十仁医院

这家在东京新桥的医院，已有30多年的历史了，战后日本人崇洋，都流行割双眼皮、隆高鼻梁，梅田院长开了这家小整容医院，从此就一本万利。

渐渐地，十仁医院发展成一座大厦和两三个门诊处。它的广告，随街可见，甚至登载到东南亚各地方的杂志上。

没有自信的女人们，由四处聚集到十仁医院去。我因为工作的关系，常要为公司带一些人去找梅田院长。

一进门，有数名美丽的女护士前来迎接。真奇怪，她们长得像多胞胎姐妹，各人面貌都十分完美。

坐下后，她们献茶，并送上一厚皮的大册子。翻开一看，有一排排的名称：美目，2.5万元；隆鼻，5万元；鱼尾纹多少元；面皮松弛多少元；狐臭、隆乳、处女膜重生等。还有什么什么缩小，什么什么放大等等等等，不胜枚举，俨然法国美心餐厅菜单。

矮小的梅田院长亲自出迎："蔡生，您好，又有什么指教？"

我把当事人的问题翻译给他听。

"唔，唔，"他仔细看着她，职业性地亲切地说，"的确是块好材料，只要这里稍微改这么一点点！"

梅田夹两根手指做出这么一点点的手势。

当事人即刻充满希望，高兴得跳起来。

"好吧，护士，请你先带这位小姐去做一个模子。"梅田说。

护士带她走后，梅田又仔细地看我，我给他看得打冷战，梅田说："蔡生，你带这么多人来，我要送你一样礼物。"

"什么礼物？"我问。

"你什么都好，"他眯着眼，顽皮地说，"但是下半脸好像有点短，送你一个下巴吧！包你满意！我亲自做！"

"呸！呸！呸！"我说，"呸！呸！呸！"……

他大笑。

"看你身子矮小，我够高，"我说，"不如割下几寸给你！"

梅田院长又大笑。

我每次看到他，都觉得他的相貌也有许多需要修改的地方。问他道："喂，院长，你为什么不替自己整整？"

"美与丑只是一个观念。"梅田哲学家口吻地说道，"我自己觉得还不错了，整它干什么！"

的确有道理。自己不整，要替我来一下！

他继续长篇大论："爱美是人的天性，就和吃饭喝酒、大小便一样。现在的人生活水准都提高，就要在求貌美方面下工夫。美容能增加一个人的自信心，我不但在医学上有贡献，在心理上，我也帮人类追求到完善的境界，我能够控制时光，令饱受岁月摧残的人重新得到青春！"

梅田越说越慷慨激昂，简直像一个救世主。旁白之中，还有像赞美上帝的合唱为背景音乐，光芒由他的身后射出，伟大无比。

接着，他做一个摊开双手的耶稣表情。

"真受不了！"我说，"每次来你都要给我这一套，烦不烦？"

"哦，对了，斯米玛仙，"他摸摸秃头说，"我忘记你是老客人！"

"呸！呸！呸！什么老客人！"我笑骂。

"蔡生，你真的不要我送的下巴？"他问道，"别人做一做最少要5万元啊！"

"谢了。"我说，"梅田院长，看你那张菜单，好像没有把粗的小腿整细的那一道？”

“你是说大根腿（‘大根腿’即‘萝卜腿’）？”他叹一口气，“难，难！现在的医学这么发达，也没有办法做到这一点，要牵涉到筋骨的问题是很难解决的，要是我行，日本那么多大根腿的女人，我就比财阀更有钱了，哈，哈，哈！”

“你现在赚的也不少呀！”我说，“整座大厦都是你的。”

“唉！”他说，“我也下了不少工夫呀！只要女人的虚荣心作祟一天，我就能生存下去，我就能拯救她们，她们才能拯救我的荷包……”

他又越说越像救世主，连我已经离开，他也不知道。

脸红

我们一行6人去吃天妇罗。

柜台一角坐着一对男女，男的样子很年轻，女的拼命叫东西给他吃，又时常摸他的面颊。

“他们不是住在我们房间对面吗？”友人说，“反正他们不会广东话，不要紧。”

“那个女的看起来是个女强人，”又有人说，“这个男的，是不是鸭？”

“我看八成是的。”另一位朋友说。

话题由这对男女转到香港的少夫老妻，大家七嘴八舌，各持己见。

“喂，喂，”另一位友人向我说，“你会讲日文，问问他们的关系是什么？”

“这种话怎么问得出。”我自顾喝酒。

最后，拗不过大家的请求，我拿起酒壶，向那男的说：“来一杯，如何？”

日本人有相互敬酒的习惯，拒绝对方是不礼貌的，那个男的即刻道谢，拿起酒杯让我为他倾酒。

“你们来玩？”男的问。

“是。”我说，“我住在这家餐厅经营的俵屋，你们是不是也住在那里？”

“不。”女的代男的回答，“我们是道地的京都人。”

把她的对白翻译给友人听，其中一位说：“明明在酒店见到，可能是看错人了。”

“我直接问你一句，希望你不认为我是失礼。”我说，“请问你是干哪一行的？”

“我是一个男性化妆品的发明人，用过我的化妆品，一定保持青春。”男的说。

“真的有效吗？”我好奇。

男的说：“看看我，就是一个例子，我今年60了。”

他们走后，餐厅大师傅告诉我：“这对夫妇最恩爱了，每个礼拜都来吃东西。”

大家听了都脸红。

女司机

当团友打球时，我乘出租车返回市区，的士大佬阴声阴气，原来是个男人头的女子司机。买完手信后乘车去吃饭，驾的士的也是个女的。第三天，又碰上一名，年纪轻轻，还有三分姿色。

“北海道女人司机真多。”我打开话匣子。

“唔，”对方回答，“好过呆在家里。”

“要不要考牌？”

“一般的测验，并不严格。”她说。

“认路难吗？”

“札幌和其他日本都市比较，相对上是新建设。道路分东西南北大道，像个豆腐块，认起来没问题。”

“收入好吗？”

“我们是替大的士机构打工的，有没有客人不必去管，月薪还过得去，好过靠丈夫。一依靠男人，男人就作威作福。”她说，“我有个姐姐，一生从未做过事，只懂得嫁人，生儿育女，管家，和她一比，我幸福得多。”

“遇到客人叫你带他们去寻花问柳，怎么办？”

“我也像男人司机一样，把他们带到红灯区去，这种事没什么怕不怕丑的，反正到了卖春的店铺，也拿到回佣，增加点收入。”

“最困难的是什么？”

“遇到酒醉的人。”她说，“一上车就毛手毛脚，或者呼呼大睡，怎么叫都叫不醒。”

“用手推他们呀！”

“千万不可以那么做，推他们或扶他们的话，万一他们身上的财物不见了，就赖你。”她说，“只有一种办法对付：把他们送到警察局去。他们醒后生气我才不理，这种客人不会再遇到第二次的。我从来没有后悔过做的士司机，活到老做到老，做到公司强迫我退休。”

老板娘

我们常去的那家最地道的鱼生店“高桥”的老板死了，老板娘说不再做下去。

“呆在家里也不是办法呀。”我说。

“一个女人，管不了那么大的店。”

“你有两个女儿帮手嘛。”我说。那两个长得也真漂亮，可见老板娘年轻时更是大美人。

“三个女人，行吗？”她犹豫。

“我们来店里，也从没看过你丈夫。”

“他总是躲起来，不和客人打交道。”

“不就是吗？”我说，“现在有他和没有他的分别也不大呀！”

“说得也是，女人不做事，就没生命力。”

“你大女儿好像和那位年轻师傅的感情不错呀！”我说。

“他们对婚姻都有点恐惧，说看到同学和朋友都闹离婚。”老板娘说。

我把大女儿叫来：“唔，你的父母结婚几十年，也不都是好好的！”

大女儿给我当头那么一喝，有点愕然，向母亲说：“妈妈，蔡先生为什么讲这种话？”

“傻丫头，”老板娘笑骂，“他是要你们早点成婚。”

红着脸，大女儿走开。

“你不做的话，我们下次来吃些什么？”我再劝她。

老板娘有点心动：“做下去的话，只能把店缩小，每晚收少些客人，才不会太辛苦。”

“缩小就缩小嘛。”我说。

“但是你们下次来，我怕招呼不了了。”

“不必为我们把店关起来。”我只有那么说。

“不过，你们来了7年，每年都带给我们不少生意，很不好意思，谢谢、谢谢。”老板娘一直送到门口，我看见她眼边有点泪珠。